L'ESCALADE

Sergueï Jirnov

L'escalade

Albin Michel

Ce livre est publié sous la direction d'Alexandre Wickham.

Sommaire

Introduction

Fort de mon expérience au sein du KGB en tant qu'« illégal » et de ma vie de citoyen soviétique, j'ai développé dans mon précédent ouvrage *L'Engrenage* les mécanismes anciens qui avaient conduit à cette « opération spéciale » en Ukraine.

Peu nombreux étaient alors les observateurs occidentaux à se rendre compte des obsessions de Vladimir Poutine concernant les anciennes républiques socialistes et sa soif de restauration de l'empire. Fascination, naïveté, méconnaissance profonde de la société russe, autant de pièces manquantes au puzzle qui est apparu devant nous depuis le 24 février 2022.

Le monde n'est plus ce qu'il était, tous les équilibres géopolitiques sont ébranlés, le danger nucléaire est plus que jamais réel.

« L'escalade » a commencé…

PARTIE I
LA MENACE NUCLÉAIRE

1

L'enlisement : jusqu'où est-il prêt à aller ?

« Si la bagarre est inévitable, tape le premier. »

Proverbe favori, à ce qu'il paraît,
de Vladimir Poutine.

« Les Européens vivent dans le luxe, ils ne font que s'amuser. Ils ne veulent pas faire la guerre. Il suffit que Moscou montre les dents et ils dissoudront l'OTAN. »

Vladimir Jirinovski,
ancien leader ultranationaliste,
marionnette officielle du Kremlin,
mort en 2022.

Face à un bloc occidental qu'il estime perverti par toutes sortes de « lubies » progressistes, et incapable de répondre au langage de la force, Poutine brandit la menace atomique. Il est persuadé que, nous autres Européens, aurions trop à perdre en lui répondant sur le même registre. Nous sommes des lâches, ramollis comme des poulpes par des décennies de paix et d'absence d'idéologie forte. Lors de son discours du 21 février 2023, il est même allé jusqu'à affirmer que « ... les abus d'enfants jusqu'à la pédophilie sont considérés comme la norme... ».

Ainsi nous voit-il. À rebours de l'« *Homo poutinicus* » qui serait fier et prêt à lutter jusqu'à la mort pour l'honneur de la sainte patrie.

Lors d'une rencontre du club Valdaï, un groupe de réflexion consacré à la Russie et à sa place dans le monde, il déclare : « Nous, en tant que victimes, nous, en tant que martyrs, irons au paradis. Et eux mourront tout simplement, parce qu'ils n'auront pas eu le temps de se repentir. »

Ces paroles quasi messianiques, datant de 2018, auraient tout à fait leur place dans un communiqué de Daesh revendiquant un énième attentat.

Il faut comprendre que le pouvoir russe, dans sa doctrine nucléaire, adhère à l'idée qu'une frappe préventive pourrait paralyser le camp adverse ou, mieux encore, sortir d'un éventuel enlisement. Cela s'appelle « la désescalade par l'escalade ».

Poutine convoque les faits historiques afin de marquer les esprits, et certains noms ont cette puissance évocatrice toute particulière, qui fige immédiatement l'imagination.

Hiroshima : voilà le terrible précédent auquel il aime à se référer. Lors d'une de ses nombreuses conversations téléphoniques avec Emmanuel Macron, il lâche le mot, sûr de l'effet que cela produirait sur son interlocuteur. Et comme un boxeur face à son *sparring partner* en fin de round, il le « finit » en lui assénant : « Vous n'avez pas besoin d'attaquer les grandes villes pour mettre fin à une guerre. » Tout comme Hiroshima et Nagasaki ont été délibérément choisies par les Américains plutôt que la capitale Tokyo : par cette allusion transparente il annonce ainsi clairement qu'il pourrait cibler d'autres zones géographiques que Kiev.

On ne connaît pas la date exacte de ces propos. J'imagine que les divers conseillers du président français, notamment militaires, ont dû hésiter avant de les rendre publics.

Hiroshima ! À la fin de la Seconde Guerre mondiale, alors que le IIIe Reich capitule, le Japon allié des nazis refuse de rendre les armes. Énergie du désespoir pour les uns, code d'honneur hérité des samouraïs pour les autres, ils infligent en trois mois quasiment autant de pertes aux États-Unis qu'en trois ans de guerre.

On se rappelle les pilotes kamikazes qui fondaient avec leurs avions bourrés d'explosifs sur les navires ennemis. Le président américain Harry Truman et son état-major préparent alors l'opération *Downfall*, l'invasion du Japon par les GI's. Mais les pertes estimées s'élèvent à 1 million de morts.

Une autre solution s'offre à Truman.

Contre l'avis de nombreux gradés et scientifiques ayant travaillé sur le projet « Manhattan », il va précipiter le monde dans une autre dimension.

Le 6 août 1945, Little Boy, « petit garçon », est largué au-dessus d'Hiroshima depuis un bombardier B29. La bombe, au surnom si mignon, tue immédiatement 80 000 personnes. Les Japonais, bien que tétanisés par le champignon atomique, ne se rendent toujours pas. OK, on va leur balancer Fat Man, « le gros », sur une autre ville, Nagasaki, trois jours plus tard. L'empereur Hirohito capitule sans conditions.

Truman met fin à la guerre, sauve la vie de centaines de milliers d'Américains et montre à son prochain grand adversaire soviétique qu'il est le patron désormais.

Pour Poutine, l'aubaine est inespérée. L'homme qui a construit une large part de sa politique internationale sur un discours aux forts accents victimaires, dont le principal responsable serait l'Oncle Sam, est aux anges. Qui a employé l'arme atomique, contre des civils de surcroît ? Qui passe son temps à faire la guerre à d'autres pays ? Qui utilise sa monnaie pour dicter sa loi aux entreprises partout sur la planète ?

Pourquoi alors, lui, le pauvre garçon, ne pourrait-il pas balancer une bombe atomique pour défaire l'Ukraine et dominer – enfin – l'Occident ? Si, comme le dit la doctrine russe, l'existence de la Fédération de Russie était en péril. Une menace existentielle, et alors tout devient possible. Résultat ? Un véritable casse-tête sémantique, sujet à beaucoup d'interprétations.

Viatcheslav Volodine, président de la Douma, l'Assemblée nationale russe, a déclaré que « Poutine et la Russie ne font qu'un ». Est-ce à dire qu'une menace sur Poutine équivaudrait à une menace pour le pays ?

Il lui est absolument impossible de perdre cette guerre. Si cela devait arriver, et s'il parvenait à échapper à la justice, il se retrouverait en position d'extrême faiblesse pour diriger son pays. Nul doute qu'attirés par le sang les prétendants au trône le déchiquetteraient en un instant. Une fin d'empereur romain, ou de dictateur, au choix.

Le tsar du Kremlin veut laisser une trace de son passage et si cela ressemble finalement à une bérézina des Européens, ce serait la consécration finale ! Les livres d'histoire, des statues, des commémorations, il veut tout ça. Alors Poutine-Ivan le Terrible sera-t-il le docteur Folamour de Moscou ?

Tout était écrit, depuis des années : l'aveuglement généralisé du camp occidental et l'idée tenace que rien d'aussi terrible qu'une bombe atomique, larguée sur un champ de bataille ou une ville, n'arriverait plus jamais. Hélas, l'ambiguïté, le double langage, sont des armes dont raffole Vladimir et qui trouvent leur apothéose dans un document que personne, hormis quelques initiés, ne connaît.

Avec quelles conséquences ?

2

La doctrine nucléaire russe

« Brandir l'arme nucléaire est la dernière chose à faire. C'est une rhétorique nuisible et je ne m'en réjouis pas. C'est impossible, et cela signifierait probablement la fin de notre civilisation. »

Qui a prononcé ces paroles pleines de sagesse en 2016 ? Un Prix Nobel de la paix ? Le Dalaï-Lama ? En fait c'est...

Vladimir Poutine.

En matière de doctrine nucléaire militaire, chaque pays doté possédant la sienne, les mots utilisés, les tournures de phrases sont à la fois précis comme le fil d'un scalpel et sujets à interprétation. Une table de poker où les jetons sont des ogives nucléaires, et où chaque joueur garde une carte dans sa manche, au cas où.

Vladimir Poutine n'est pas le dernier à user de cette carte. De la main droite il annonce craindre la « fin de la civilisation » ; de la gauche, au même moment, il se retire des accords signés avec les États-Unis sur le plutonium militaire.

En 1949, l'URSS se dote de la bombe atomique, les Américains l'ont déjà utilisée à Hiroshima et à

Nagasaki quatre ans auparavant. Pendant la Seconde Guerre mondiale, les États-Unis avaient déjà élaboré un scénario de « blitz atomique » pour stopper l'avancée des troupes soviétiques, au cas où celles-ci auraient eu envie de s'étendre en Europe de l'Ouest. Il est des histoires d'amour qui commencent sous de meilleurs auspices.

À partir des années 1950, c'est la course à l'armement, à celui qui aura la plus grande force de frappe, la plus dévastatrice. La bombe à hydrogène va mettre tout le monde d'accord, en 1961 les Soviétiques inaugurent la trouvaille en faisant exploser un engin de 58 mégatonnes.

Sur les photos, la bombe ressemble à celle que l'on peut voir dans le dessin animé *Bip Bip et Coyote* ou dans un mauvais film de série Z. Énorme, presque ridicule, on dirait du toc. Cette arme est néanmoins trois mille fois plus puissante que la bombe qui a détruit Hiroshima… Autant dire que l'humanité aurait de quoi retourner au temps du Big Bang !

Forcément, tout le monde se remet autour de la table et commence à discuter. Équilibre de la terreur, dissuasion, un nouveau vocabulaire apparaît dans les négociations au sommet.

Durant les années 1990, c'est la débandade côté russe. La fin de l'empire, l'écroulement de l'économie, la fuite des cerveaux vers l'Ouest. Tout ce qui touche aux domaines de pointe, dont le nucléaire, n'échappe pas à la règle.

Ne restent « au pays » que les purs et durs, englués dans leurs vieux fantasmes de l'*Homo sovieticus* et les seconds couteaux. Comble de l'humiliation, c'est le « méchant » Yankee qui vient en aide pour commencer à liquider le stock d'armes nucléaires, désormais ingérable. Quand on peut faire péter la planète, à quoi bon avoir de quoi la faire péter cinquante fois ? Bush père envoie ses ingénieurs en Russie pour faire le ménage, Gorbatchev leur sert le thé.

Poutine devient le nouveau taulier de la Russie en 2000. Lorsqu'il présente sa doctrine militaire et nucléaire le 21 avril de la même année dans un oukase, c'est dans un contexte très particulier. Les forces militaires conventionnelles russes sont bien à la traîne derrière les États-Unis et l'OTAN. L'autrefois glorieuse Armée rouge n'est plus que l'ombre d'elle-même.

Moyens humains, armement, munitions, c'est la pagaille, avec pillages, revente au marché noir et corruption à tous les étages.

L'intervention militaire au Kosovo en 1999, sous mandat de l'OTAN, mais sans l'aval de l'ONU, a profondément marqué les Russes qui s'étaient ouvertement opposés à ces bombardements, les jugeant totalement illégaux eu égard au droit international. Qu'ils aient fait la même chose en Tchétchénie, quelques années auparavant, ne les a pas effleurés un instant. Un partout, la balle au centre.

En juin 1999, l'exercice militaire Zapad 1999, le plus important depuis la fin de la guerre froide, est mené : 50 000 hommes, l'aviation, la marine, on sort le grand jeu. Le scénario : la Russie est attaquée par l'Ouest et tente de se défendre avec des moyens conventionnels. Le verdict est sans appel, c'est une défaite cinglante, le pays n'est pas en capacité de se défendre dans un schéma de guerre type 1939-1945.

Dans sa position officielle formulée dans l'oukase du 21 avril 2000, Poutine reste sur sa ligne : « La Fédération de Russie se donne le droit d'utiliser l'arme nucléaire en réponse à une attaque nucléaire, ou d'armes de destruction massive contre elle, ou ses alliés, ou en cas d'agression à grande échelle, aux moyens d'armes conventionnelles, dans des conditions critiques pour la sécurité de la Fédération. »

Circulez, il n'y a rien à voir ? Pas si sûr, hélas. On parle ici d'armes nucléaires stratégiques, mais quid des armes tactiques ?

Les armes nucléaires tactiques sont susceptibles d'être utilisées sur le champ de bataille, larguées depuis un bombardier par exemple. On imagine alors que c'est forcément moins inquiétant, moins destructeur, une « simple » bombe à la place d'un missile...

Or, une telle arme a une capacité de 1 à 100 kilotonnes de puissance. À titre d'exemple, Little Boy, la bombe utilisée à Hiroshima, était de 15 kilotonnes.

La doctrine russe reste très floue sur ces types d'armes. Il semble que, déjà en 2000, les stratèges militaires avaient commencé à classer les conflits en différentes catégories : locaux, régionaux et de grande envergure, et la pertinence de l'utilisation d'armes conventionnelles et/ou nucléaires dans telle ou telle catégorie.

Ce que l'on sait de manière certaine, et qui semble tout à fait logique, c'est que le développement et la fabrication d'armes tactiques nucléaires sont devenus une priorité pour la Russie afin de compenser les faiblesses des moyens conventionnels, qui devaient eux aussi être « mis à niveau » dans les années qui allaient suivre.

Autre élément important à relever dans la doctrine formulée dès 2000, l'utilisation des termes « conditions critiques ». Nous sommes de retour à la table de poker, le joueur se laisse le droit de changer les règles du jeu...

À partir de quel niveau de menace juge-t-on ces « conditions critiques » ?

Poutine est conscient que son pays est très fragile militairement. Il veut lui inoculer une mégadose de stéroïdes, mais il a encore bien besoin de l'Occident sur le plan économique. L'attaque terroriste d'Al-Qaïda sur le sol américain le 11 septembre 2001 va lui donner l'opportunité de tenter de montrer aux anciens ennemis qu'il est désormais un partenaire bien comme il faut, prêt à rendre service contre le méchant terrorisme islamiste.

Il est l'un des premiers chefs d'État à appeler George Bush Jr juste après le drame pour lui apporter son soutien.

Les attentats du 11-Septembre ont un effet inattendu : les Russes et les Américains se rapprochent et nous retrouvons un vieux compagnon du futur tsar, Dmitri Rogozine, nommé ambassadeur russe auprès de l'OTAN quelques années plus tard. Ironique lorsqu'on y pense, un ultranationaliste, fasciné par le nazisme, au cœur de la « bête » tant haïe.

Poutine signe le traité SORT en 2002 avec Bush Jr, dans lequel ils s'engagent à réduire le nombre de têtes nucléaires sur les vecteurs stratégiques.

La routine… en apparence. Car les Russes voient d'un œil noir l'installation par l'OTAN de bases de défense antiaérienne en Europe, notamment dans les anciens pays de l'Est.

Février 2007 marque un tournant dans les rapports Russie-Occident. C'est le fameux discours de Poutine lors de la Conférence de Munich sur la sécurité. Face à un parterre d'officiels de quarante pays, le ton est direct, quasi brutal. Vladimir sort la sulfateuse.

En ligne de mire, les États-Unis, et plus largement les pays occidentaux, qui voudraient imposer leur vision d'un monde unipolaire, sans beaucoup d'égards pour la Russie, la Chine ou l'Inde, et mèneraient des interventions militaires illégales sur tout le globe quand ça leur chante. L'OMC ? L'OSCE ? Des organismes détournés de leur fonction première qui serviraient désormais à tenir sous leur coupe des pays émergents en difficulté.

Démagogie ? L'explication est un peu courte.

En fait, le cœur de la stratégie russe, on ne le voyait pas, c'est bien la dimension nucléaire.

Car si le tsar du Kremlin s'engage à respecter ses engagements en termes de réduction des stocks, il insiste aussi sur la transparence nécessaire à un tel contrat. Il évoque un partenaire sans le nommer, mais on sait qu'il parle des États-Unis, qui pourrait « garder sous le coude quelques centaines de charges nucléaires pour les mauvais jours ». Logiquement, face à un éventuel tricheur, la Russie est « obligée de veiller à sa sécurité ». Retour vers le futur, ou plutôt le passé, au bon vieux temps de la guerre froide, avec menaces directes et coups de pression.

Enfin, pour ceux qui auraient encore des doutes ou des problèmes de traduction simultanée dans le parterre d'invités, il évoque l'OTAN qui se rapproche beaucoup trop près des frontières russes, notamment chez les anciens « pays frères », la Bulgarie ou la Roumanie.

Se déclarant inquiet à l'idée d'être encerclé par l'Alliance atlantique, il considère même cela comme une provocation sérieuse.

Il adopte désormais la posture de la victime à qui tout le monde voudrait faire la peau, et qui est bien obligée de se défendre. Maintenant nous sommes habitués à son numéro de Calimero : il avait commencé à le roder en public il y a fort longtemps. Il oublie de préciser que, grâce aux hausses des prix du pétrole et du gaz, il engrange un maximum de dollars et de roubles, investit en masse dans l'armement, et a inauguré l'année précédente le nouveau quartier général de la GRU, la direction générale du renseignement. Le sens du timing et du double langage...

L'attaque contre la Géorgie qui se rapproche de l'OTAN en 2008 et les faibles résultats militaires russes qui en résultent vont accélérer le processus de militarisation du pays.

La guerre froide, saison 2, bat son plein. À partir de 2007, les Russes testent les nerfs des Européens et des Américains. Des bombardiers qui survolent d'autres espaces aériens, des sous-marins Akula qui se rapprochent des frontières américaines ; on montre les muscles, on aime provoquer.

En septembre 2009, l'exercice militaire Zapad 2009 se déroule en Biélorussie. Les informations précises sur cet exercice sont classifiées, certaines sources paramilitaires ont évoqué une attaque des forces de l'OTAN en Biélorussie et une frappe nucléaire sur la Pologne.

Bien entendu, l'état-major de l'armée russe a démenti formellement ces informations.

Pourtant, un militaire de haut rang nous éclaire un tant soit peu dans ce brouillard radioactif inquiétant.

Il s'appelle Léonid Ivachov et ses propos sont très clairs : « Les chiffres et la composition de l'armement nucléaire tactique russe comptent aujourd'hui au nombre des secrets d'État les plus importants. C'est peut-être le seul secret militaire qui reste à la Russie. »

La doctrine publiée sous la présidence de l'homme de Vladimir, Medvédev, en 2010, reste sur la même ligne – l'utilisation d'armes nucléaires se fera dans le cas où la survie de l'État serait menacée… Toutefois la sophistication accrue des armes conventionnelles pourrait contribuer à une dissuasion efficace dans des conflits régionaux et ralentir ainsi une éventuelle escalade.

Mais ne dit-on pas que le diable se cache dans les détails ? Dans l'éventualité où les alliés, la Biélorussie par exemple, seraient attaqués par des armes de destruction massive, chimiques ou biologiques, ou avec des moyens conventionnels, à quel niveau de danger la Russie engagerait-elle une réponse décisive ?

Jusqu'à présent nous n'avons évoqué la doctrine nucléaire que sous l'angle du face-à-face Russie-Occident. Une nouvelle puissance entre dans la danse, et pas des moindres. La Chine. La modernisation de ses moyens militaires se fait à grande vitesse. Il est certain que les problèmes de corruption et de désorganisation, endémiques en Russie, s'y règlent différemment. Une balle dans la tête pour le fautif, et on reprend le boulot. Forcément, ça motive les ingénieurs, les entrepreneurs et les militaires à se dépasser ! D'ici à 2030, la Chine devrait avoir en sa possession 1 000 ogives stratégiques, elle est la troisième puissance nucléaire et tout me laisse à penser qu'elle ne va pas s'arrêter là. De plus, le pays ne reconnaît que peu, ou pas, le droit international, et sa doctrine nucléaire semble se muscler au fil du temps. Les termes de « vengeances au caractère destructeur » ne sont pas faits pour nous rassurer.

« Mon Dieu, gardez-moi de mes amis ; mes ennemis, je m'en charge ! »

La Russie et la Chine, une très vieille histoire, alliées selon les circonstances, pas américanophiles pour un sou, elles partagent une frontière commune qui s'étend sur plus de quatre mille kilomètres. Côté russe, la Sibérie, entre autres, où le peuplement est très limité. Dans l'hypothèse d'une invasion chinoise, l'affaire serait vite pliée. Le recours aux armes tactiques pourrait rétablir l'équilibre des forces en faveur des Russes, mais pour combien de temps ?

Des facteurs de déstabilisation et de tensions entre les deux blocs sont apparus ces dernières années : l'OTAN accroît sa présence, notamment dans la zone de la mer Baltique, les Russes déploieraient les missiles balistiques Iskander dans l'enclave de Kaliningrad et en Crimée. Les bombardiers et sous-marins en capacité de porter des armes nucléaires continuent de venir narguer régulièrement les Européens.

Des informations fuitent sur un projet de développement d'une torpille russe au doux nom de Poséidon, à propulsion nucléaire, donc avec une grande autonomie. Dotée d'une charge à hydrogène très importante, une fois lancée depuis un sous-marin elle pourrait provoquer un tsunami de 160 mètres de hauteur et anéantir toute une région, voire une zone comme la Grande-Bretagne, selon Poutine. Ce genre de projet mégalomaniaque et monstrueux, les Russes en ont des tiroirs pleins. Ce sont des vieux restes de l'époque soviétique où chacun y allait de son idée, la plus folle possible – en général irréalisable –, pour montrer qu'il était un bon soldat du régime.

Une stratégie délirante ? Un intime de Poutine, le ministre de la Défense Choïgou, l'a tout de même dit : « Le développement des armes nucléaires est une priorité absolue. »

Mais il y a, et de loin, beaucoup plus inquiétant…

Un document officiel intitulé « Les tâches fondamentales pour le développement des forces armées de la Fédération de Russie » est déclassifié par Sergueï Ivanov, alors ministre de la Défense en 2003. Il détaille les deux principaux cas d'utilisation de l'arme nucléaire. La dissuasion, classique, puis la désescalade dans les conflits limités géographiquement.

Infliger des dommages limités, mais assez conséquents, pour que l'adversaire abandonne aussitôt le conflit. Frapper le premier afin de casser les jambes et la volonté de l'ennemi.

Quoi de mieux qu'une arme tactique, alors ? Il y a là une réelle source de stress.

Il suffirait que le président russe abaisse le seuil d'utilisation de l'arme nucléaire, à cause de trop grandes pertes et/ou de défaites successives, et confère l'autorisation à un général de division combattant sur le champ de bataille de mettre en œuvre l'arme ultime, s'il l'estime nécessaire, pour que la guerre change de nature.

Outre le fait que l'on se retrouverait avec des têtes nucléaires, même de faible intensité, un peu partout sur une zone de guerre, avec les risques d'accident ou de bombardement ennemi que cela comporte, nous serions plongés dans une atmosphère infernale, où la paranoïa, le désir d'exterminer les soldats de l'autre camp et les problèmes logistiques, communications perturbées, erreurs de jugement, pourraient être les arbitres d'un conflit voué dès lors à se propager.

Penser un instant dans un tel contexte que des individus aussi dangereux et imprévisibles que certains alliés du tsar, comme Evguéni Prigojine ou Ramzan Kadyrov, pourraient utiliser ce type d'arme est tout simplement effrayant. Car ils s'en serviraient, et sans attendre.

Mais de quoi parle-t-on exactement ? Combien de têtes nucléaires la Russie possède-t-elle ?

Les chiffres dont il est question donnent le vertige :

ils sont d'ailleurs classés secret-défense, tout comme ceux des États-Unis, ainsi que des autres pays dotés de cette arme.

Selon le Nuclear Information Project en partenariat avec la fédération des scientifiques américains, la Russie posséderait environ 4 477 ogives nucléaires activables, stratégiques et tactiques en 2022, dont :

- 1 588 têtes seraient actuellement déployées, prêtes à l'emploi,
- 812 reposeraient dans les bases de lancement de missiles,
- 576 dans les sous-marins et navires de guerre,
- 200 dans les bases de bombardiers lourds,
- 977 têtes stratégiques sont mises en réserve, ainsi qu'environ 1 912 têtes tactiques.

À ces chiffres s'ajouteraient environ 1 500 ogives en attente de démantèlement, mais possiblement utilisables.

Dans le cadre des accords entre la Russie et les États-Unis, l'accent est mis sur la réduction des missiles stratégiques, de longue et très longue portées. Il semble que la Russie ait respecté ses engagements, avec 4 447 têtes sur 510 porteurs déployés et 764 lanceurs de missiles stratégiques.

La Russie posséderait 77 bombardiers stratégiques lourds, capables de porter des armes nucléaires (missiles et bombes), dont 17 exemplaires de Tu-160 supersoniques à turboréacteurs portant chacun 12 missiles de croisière Kh-55 et 60 exemplaires de Tu-95 subsoniques à turbopropulseurs qui ont une capacité jusqu'à 16 missiles de type Kh-55 mais peuvent aussi porter les missiles Kh-101 et 102.

Dans les mers, 11 sous-marins lanceurs de missiles stratégiques sillonnent les fonds des océans.

Trois cent trente missiles intercontinentaux, placés dans les silos ou sur les plates-formes mobiles (trains ou camions), forment la dernière composante de la triade nucléaire russe.

Tout naturellement, les sites militaires sensibles, comme les bases aériennes, font l'objet d'une surveillance constante de la part des Occidentaux, en premier lieu via les satellites espions américains et le renseignement terrestre. Une base en particulier va faire l'objet d'attaques pas si anodines qu'il y paraît, même en temps de guerre.

3

Engels-2, l'avertissement

Dans le flot ininterrompu des informations qui nous proviennent du champ de bataille, telle une litanie macabre, un événement m'a intrigué.

Le lundi 5 décembre 2022, deux bases aériennes russes sont visées par des attaques venues du ciel. À Diaguilevo près de Riazan, dans le sud-est de Moscou, et Engels-2 dans l'oblast (la région administrative) de Saratov, à 200 kilomètres de la capitale. Bien qu'interceptés par la défense antiaérienne, les débris de l'objet volant font trois morts et endommagent deux avions stationnés sur la base d'Engels-2.

Un véritable coup d'éclat. Les forces ukrainiennes auraient lancé des drones de fabrication soviétique, datant des années 1970 et 1980, modifiés et transformés en missiles, à plus de 500 kilomètres de leur frontière. On parle du Tupolev 141, surnommé Strij (« martinet »). Les dégâts sont minimes mais le symbole est puissant. Ce missile a pu traverser l'espace aérien russe sans encombre et pendant une trentaine de minutes, à une vitesse de pointe de 1 000 kilomètres-heure.

Un vieux machin, certes efficace et retapé, mais

avec une trajectoire quasi rectiligne. Nous sommes bien loin des nouveaux missiles capables de faire des zigzags à des vitesses supersoniques. Le « martinet » ukrainien a infligé un camouflet à la « terrible » armée de Poutine !

Ce n'est pas la première fois que les Ukrainiens frappent sur le sol russe. Déjà en mars 2022, des raids d'hélicos sur Belgorod, à 40 kilomètres de la frontière, avaient détruit des dépôts de carburant.

C'est à se demander quel est l'état réel des défenses antiaériennes russes. On est plus proche d'une passoire que du Dôme de fer israélien !

Et le croiseur *Moskva* ? Le fleuron de la flotte russe coulé le 14 avril 2022. On l'aurait presque oublié et pourtant c'était aussi un marqueur fort de la fragilité de sa défense.

Ce n'est pas fini. Dans la nuit du 25 au 26 décembre, la base d'Engels-2 est de nouveau prise pour cible. Cette fois-ci, c'est une tour de contrôle qui est visée.

Imaginez une bande de braqueurs qui fait un casse dans une banque, et qui revient trois semaines après au même endroit finir de vider les coffres…

Engels-2 n'est pas n'importe quelle installation. C'est une base où sont stationnés les bombardiers stratégiques Tu-95, une quinzaine d'avions, et les Tu-160, une vingtaine, ainsi qu'un escadron d'hélicoptères de la nouvelle Garde nationale russe. Avant de viser l'Ukraine, ces bombardiers effectuaient des missions en Syrie. Capables de voler pendant 12 000 kilomètres, avec 11 tonnes de charges offensives à bord, ils sont à même de transporter des missiles équipés de têtes nucléaires.

En janvier 2015, deux Tu-95 russes avaient survolé la Manche, violant allègrement les espaces aériens français et anglais. L'un d'eux aurait été porteur d'une tête nucléaire.

Les bombardiers stratégiques font partie de la triade suprême, avec les sous-marins et les silos de lancement terrestres. Engels-2 est une des principales bases opérationnelles pour ce type de bombardier. Et la Russie est en état de guerre.

Autant d'éléments qui pourraient laisser penser qu'à Engels-2 la probabilité que soient stockées des ogives nucléaires stratégiques et tactiques est plus que raisonnable ! En tout cas, ce n'est pas juste une hypothèse. Sur un site Internet spécialisé, on peut même retrouver une photo aérienne de la base qui va dans ce sens.

Nous savons qu'un certain nombre de bombardiers ont été déplacés d'Engels-2 à 3 000 kilomètres en Extrême-Orient après les attaques aériennes ukrainiennes.

Pas très pratique en cas d'alerte, il va falloir gérer l'approvisionnement en carburant, la perte conséquente de temps de réponse, mais soit.

Déplacer un avion, quoi de plus simple ?

Déplacer des ogives nucléaires ? La logistique est autrement plus complexe. Sans parler du fait que les satellites militaires occidentaux auraient tôt fait de repérer les traces de radioactivité dégagées par un convoi terrestre.

L'hypothèse de la présence d'armes nucléaires à Engels-2, les services américains doivent l'avoir évoquée, car de telles armes sont sous terre, protégées des bombardements éventuels. Même un drone ne pourrait pas provoquer une explosion nucléaire.

À moins que… Pourrait-il s'agir de la puissance de feu américaine ?

Viser le Kremlin avec un missile ? Ce serait incroyable.

Pour l'image, oui c'est certain, ce serait un séisme. En termes d'efficacité réelle, rien n'est moins sûr, à moins de toucher Poutine ou un de ses ministres. De plus, les systèmes de défense antiaériens ont été renforcés sur la capitale et ses lieux stratégiques.

La double attaque d'Engels-2 est selon moi beaucoup plus marquante : c'est un véritable signal lancé par l'Ukraine aux Russes, un bras d'honneur.

Vous vous pensiez invulnérables ? Nous venons de vous montrer que non, ce n'est qu'un avertissement.

Après tout, qui depuis des mois joue avec les nerfs des Occidentaux ? Qui joue en permanence avec le feu nucléaire, quitte à franchir allègrement toutes les lignes rouges ?

4

Tchernobyl et Zaporijia, le chantage mondial

Vladimir Poutine est donc obsédé par l'arme nucléaire. Sentiment de toute-puissance, pouvoir de nuisance absolu, mégalomanie suicidaire à la Néron… Chacun son domaine, je laisse aux psychiatres le soin de donner leur diagnostic. Analysons les faits, les déclarations, les actes, et faisons une projection de ce qui pourrait arriver.

En octobre 2022, l'ambassadeur russe en France, Alexeï Mechkov, déclare : « Ça n'est pas nous qui avons commencé à brandir l'arme nucléaire, ce sont les Occidentaux. » À ce niveau de contre-vérité, nous ne sommes plus dans la diplomatie mais dans une dimension parallèle. La même qui avait fait dire aux officiels russes, quelques jours auparavant, que l'Ukraine s'apprêtait à utiliser une « bombe sale » contenant des déchets radioactifs.

Alexandre Soljenitsyne, le Prix Nobel de littérature, avait compris depuis fort longtemps le vice qui gangrène la société soviétique : « Nous savons qu'ils mentent. Ils savent qu'ils mentent. Ils savent que nous savons qu'ils mentent. Nous savons qu'ils savent que nous savons qu'ils mentent. Et pourtant ils persistent à mentir. »

Dès le 27 février 2022, trois jours après la date du début de l'« opération spéciale », Poutine met en scène l'emploi potentiel d'armes nucléaires en ordonnant de « mettre les forces de dissuasion de l'armée russe en régime spécial d'alerte au combat ». Il sait, nous savons, que l'Ukraine ne possède pas ce type d'armes, puisqu'elles avaient toutes été transférées en Russie dans le cadre du mémorandum de Budapest en 1994.

Les ogives et les porteurs stratégiques contre la garantie par la Russie de l'intégrité territoriale de l'Ukraine : tel était l'accord conclu à l'initiative des États-Unis et du Royaume-Uni…

En brandissant la menace nucléaire, Poutine, le ministre de la Défense Choïgou, le vice-président du Conseil de sécurité Medvédev et d'autres ont fait entrer le monde dans une nouvelle ère. Les progrès techniques sont tels que la possibilité de créer des armes assez puissantes pour anéantir l'humanité, « MAD » (le fameux *mutual assured destruction*), a obligé les États-Unis et l'URSS à repenser les modes d'engagement militaire en cas de conflit. C'est le début de la dissuasion, qui durait jusqu'à aujourd'hui.

Ce chantage au nucléaire brandi pour attaquer un État souverain plus « faible » dévoile une façon quasi puérile de dire : « Laissez-moi faire ce que je veux sinon… ». Que fait l'ancien du KGB dès le début du conflit ? Il prend possession de la centrale nucléaire de Tchernobyl, puis de celle de Zaporijia en mars 2022.

Deux objectifs énergétiques civils, dont l'un n'est plus en activité. Pourquoi ?

Tchernobyl est un symbole, puissant et terrifiant.

Le 26 avril 1986, à 1 h 23 du matin, le réacteur n° 4 de la centrale explose suite à un essai technique mal préparé. Fruit de l'incompétence et d'un excès de zèle soviétique, la dalle supérieure du réacteur, pourtant lourde de 2 000 tonnes, se soulève sous l'effet de l'explosion. Ce n'est pas une explosion nucléaire qui fait momentanément disparaître toute contamination à la suite de la réaction en chaîne. Ici, les matières radioactives intactes et donc plus dangereuses se répandent dans l'atmosphère. C'est le fameux « nuage » qui s'est miraculeusement arrêté à la frontière française.

Des dizaines de milliers de « liquidateurs » – ainsi appelait-on ces pauvres bougres – sont envoyés quasiment sans protection déblayer la zone contaminée, condamnés à une mort atroce ; la population d'une ville entière est déplacée, et le bilan humain se révèle vertigineux, largement supérieur aux chiffres officiels.

Tchernobyl tout comme Hiroshima sont les spectres que Poutine dresse face au monde, jusqu'à l'écœurement.

Retour à 2022, trente-six ans après le drame.

Des milliers d'ouvriers et d'ingénieurs se relaient encore aujourd'hui nuit et jour pour surveiller la radioactivité de Tchernobyl et entretenir le site hautement contaminé qui s'étend sur une zone de 30 kilomètres. En son cœur, « l'arche » qui recouvre le réacteur n° 4 et le premier sarcophage de protection, construit à la va-vite, endommagé. À l'intérieur, des dizaines de tonnes de poussière d'uranium. Lorsque le 24 février 2022 quelque 500 militaires russes envahissent la centrale, les responsables du site craignent le pire. Ils apprennent très vite que le colonel en charge de l'opération a « visité » une centrale russe… un an auparavant. Préméditation ? Je ne crois pas au hasard, cette intervention a été préparée de longue date.

Les Russes vont rester trois semaines, que vont-ils y faire ?

Des soldats, sans équipements de protection, se déplacent dans les zones contaminées. Ils vont jusqu'à creuser des tranchées dans la « forêt rousse » où le taux de radioactivité est quasiment mille fois plus important que la norme. Cela montre bien l'état de délabrement de cette fameuse armée, et le peu de considération qu'ont les hauts gradés pour leurs soldats. C'est la nouvelle version actualisée, celle de la « roulette russe » mais dotée d'un barillet complètement chargé.

Des employés de Rosatom, l'agence du nucléaire russe, sont dépêchés sur place, pensant peut-être trouver les preuves de la fabrication d'armes nucléaires par les Ukrainiens comme la propagande du Kremlin l'affirmait. Hélas pour eux, il n'y a rien. En ont-ils profité pour subtiliser des déchets radioactifs ?

Avant de repartir, les troupes ukrainiennes gagnant du terrain, les Russes vont détruire une partie des équipements, et voler pour une centaine de millions de dollars de matériel. Des centaines d'ordinateurs, de véhicules, un millier de dosimètres capables de donner les taux de radiations, tout l'équipement anti-incendie, et un logiciel unique en son genre à même de mesurer le taux de radioactivité au-delà de la zone d'exclusion.

Piller, détruire, utiliser ses propres hommes comme denrée périssable...

Encore plus inquiétante apparaît dans ce contexte l'affaire de la centrale de Zaporijia – la plus grande d'Europe, six réacteurs qui produisent 20 % de l'électricité du territoire ukrainien.

Un bataillon entier, 800 hommes, occupe le lieu depuis le 4 mars 2022. Lors de sa construction, chaque réacteur a été protégé de façon qu'un accident comme celui de Tchernobyl ne puisse pas se reproduire. Les sarcophages avec des murs d'un mètre de béton armé pourraient résister à l'impact d'un avion de tourisme qui viendrait s'écraser. Mais qu'en est-il d'un acte délibéré depuis l'intérieur de la centrale ?

Vladimir Poutine a inventé le concept mégalomaniaque de prise d'otages nucléaire. On peut désormais considérer Zaporijia comme une arme, et quelle arme...

Placés bien involontairement au cœur de la guerre, les milliers d'employés ukrainiens de la centrale ont été pour beaucoup de véritables héros. Eux aussi pris en otages par les Russes, certains ont été torturés ou enlevés. Des lance-roquettes ont été installés entre les réacteurs, des dizaines de camions bloquent l'accès aux turbines, avec un risque d'incendie, peu ou pas maîtrisable en cas d'explosion.

Le réseau électrique endommagé par les bombardements fait encore à ce jour peser le risque d'une élévation de la chaleur dans les réacteurs. La menace persiste. S'il y a bien un endroit où tout peut arriver, c'est ici.

Si jusqu'à présent les roquettes, obus et missiles n'ont – par miracle – pas touché les réacteurs, la situation est très préoccupante.

Mais qui serait assez fou pour viser une centrale nucléaire ?

La question que se posent tous les experts : comment désigner, preuves tangibles à l'appui, le principal coupable ?

Les radars terrestres ne peuvent repérer, et donc identifier, le lieu de lancement d'un objet volant qu'à partir de 50 mètres d'altitude, en deçà c'est beaucoup plus difficile. Seul un radar volant du type AWACS pourrait le faire mais les Ukrainiens n'en possèdent pas et les Russes ne sont pas coopératifs. Pas très rassurant lorsqu'on sait que les futurs missiles supersoniques pourront voler très bas, à des vitesses incroyables, et même changer de cap en vol.

Les obus, tirés de 20 à 60 kilomètres, sont quasi indétectables, ou le sont trop tard.

Il y a les données techniques pures – oui, les systèmes de détection sont faillibles –, et il y a le coupable. Je donnerai seulement des hypothèses. La probabilité la plus grande revient aux Russes.

Des soldats de leur camp risquent de mourir ? Tout le monde a compris qu'ils n'ont absolument aucune valeur aux yeux du Kremlin. La centrale n'est pas sur leur sol. En cas d'une fuite radioactive, c'est une zone très vaste qui serait impactée, et si la météo s'en mêle ?... Le nuage de Tchernobyl a survolé jusqu'à la Corse. Je doute qu'ils aient une vision à si long terme et la capacité d'envisager les risques réels.

Mais on ne peut pas non plus exclure que les Ukrainiens soient eux aussi impliqués dans ce désastre. Zaporijia représente un enjeu économique énorme, ils ne veulent absolument pas que l'électricité produite par la centrale puisse alimenter le réseau russe, même si cela demande d'énormes efforts techniques pour y aboutir. Il n'y a pas de doute que l'agresseur est Poutine. Mais en laissant ses soldats lui répondre – dans l'enceinte même de la centrale –, Zélensky a pu jouer avec le feu (nucléaire).

Le sort de la centrale de Zaporijia disparaît peu à peu des fils d'actualités.

La Russie a commis un vol d'État, s'appropriant officiellement le site.

La coexistence entre les soldats russes et les 1 000 employés ukrainiens restera un cas d'école, avec ses techniciens irremplaçables pris en otages et priés d'être dociles sous peine d'être arrêtés ou bien pire, et qui ne tenteront aucun acte de sabotage par peur des conséquences dramatiques pour le bon fonctionnement de la centrale.

En septembre 2022, une délégation de l'AIEA (Agence internationale de l'énergie atomique) obtient enfin l'autorisation de visiter le site. Je ne rate jamais une occasion de critiquer Emmanuel Macron sur sa stratégie face à Poutine, mais cette fois-ci il faut bien lui rendre hommage. C'est en partie grâce à lui que cette inspection peut avoir lieu.

La douzaine de spécialistes du nucléaire, avec le directeur général de l'agence à leur tête, se rend sur place, non sans avoir connu quelques galères.

Les Russes ne leur donnent pas de laissez-passer spéciaux, ils doivent faire la queue pendant des heures au check-point, et la route qui mène à la centrale essuie quelques bombardements bien opportuns.

Ne disposant d'aucune force coercitive, ils ne peuvent que mettre en garde, via l'opinion publique, contre le danger réel qui plane sur l'occupation militaire de Zaporijia et d'éventuels bombardements qui pourraient en découler.

Le 20 novembre 2022, une vingtaine d'obus sont tirés, la cible semble être un bâtiment spécifique. À l'intérieur se trouve du combustible nucléaire.

À six reprises au moins, les occupants russes coupent volontairement et entièrement le courant électrique extérieur alimentant la centrale pour le refroidissement des réacteurs mis à l'arrêt. Les générateurs autonomes à essence ne peuvent prendre le relais que pendant une dizaine de jours. À chaque black-out, on risque un accident nucléaire majeur. Mais cela semble amuser Poutine de faire peur à la planète entière.

Nous voilà prévenus, Zaporijia peut à tout instant se transformer en nouveau Tchernobyl.

5

Le nucléaire civil russe, une arme géopolitique

La vérité, c'est que le pouvoir russe a utilisé avec un cynisme total le nucléaire civil. C'est profondément choquant, mais pas si étonnant.

Poutine s'en sert effectivement comme d'une arme géopolitique pour étendre son influence à travers le globe depuis des années, avec, il faut le reconnaître, un certain succès.

Dès 2007, il décide de regrouper toutes les structures travaillant dans le domaine, nucléaire civil mais aussi militaire, sous une seule enseigne, Rosatom. Il nomme un certain Sergueï Kirienko à sa tête, ex-Premier ministre à trente-cinq ans, sous Eltsine. C'est durant son mandat que la Russie tombe quasiment en faillite financière. En toute logique il aurait dû disparaître du paysage politique pour incompétence.

Mais…

Mais il est l'homme qui donne les « clés » du FSB (service de sécurité) à Poutine en juillet 1998. Directeur adjoint de l'Administration présidentielle de la Fédération de Russie depuis 2016, Kirienko s'occupe désormais de la gestion administrative de l'opération spéciale en Ukraine. Supervise-t-il la fabrication des futurs timbres-poste ukrainiens à l'effigie de Poutine ?

Toujours est-il que Rosatom bénéficie d'importants avantages financiers de la part du Kremlin et propose même des prêts intégraux à certains clients potentiels, les pays émergents. Quelle générosité désintéressée !

Avantage économique, mais aussi pratique. Rosatom propose des centrales nucléaires quasiment clés en main où ils s'occupent de tout, de A à Z. La construction des centrales, l'extraction de l'uranium, l'exploitation et la maintenance des sites, le démantèlement, la gestion des déchets.

Envisager de construire une centrale est tellement complexe que cela prend des années, c'est donc de la coopération à long terme que proposent les Russes, avec les avantages que l'on imagine en matière d'influence – trop beau pour être vrai ! Les États signataires se retrouvent totalement dépendants de leur bienfaiteur.

Rosatom est représentée à l'AIEA, l'Agence internationale de l'énergie atomique, et chaque ambassade russe dans le monde compte dans ses rangs un attaché de cette société d'État. Les choses sont claires, c'est une arme géopolitique puissante.

Jusqu'à présent seule l'Afrique du Sud possédait une centrale, Koeberg, fabriquée par Framatome, une entreprise française. L'Égypte en sera dotée, en 2028 ou 2029, avec l'aide de Rosatom.

Des dizaines d'autres projets sont en cours, concernant notamment des centrales de moyenne puissance, en Iran, en Inde, en Arabie saoudite, mais aussi au Rwanda, en Éthiopie, au Maroc, au Nigéria, au Soudan…

On imagine aisément que les mercenaires de Wagner, l'armée privée présente sur le continent africain, se feront un devoir de sécuriser de telles constructions aussi stratégiques…

Il n'y a pas qu'en Afrique. La Hongrie, qui s'oppose à toute sanction sur le volet nucléaire civil contre la Russie, la Bulgarie, la Finlande sont concernées. Mais aussi la Turquie qui est membre de l'OTAN.

L'exemple de la Biélorussie est doublement intéressant. En 2011, suite à un accord de coopération avec Rosatom, une centrale va être construite à Astravets, une petite ville, bien loin du centre économique et industriel de la capitale Minsk. Étrange, non ? Afin de protéger le site, des forces d'infanterie russes et des batteries antiaériennes sont installées. J'allais oublier : 44 kilomètres séparent Astraviets de Vilnius, la capitale lituanienne.

Jusqu'à présent aucune sanction n'est imposée sur ce volet, alors que Rosatom fournit l'armée russe en composants et en carburant nucléaires.

On comprend aisément les raisons du blocage des sanctions contre Rosatom par la Hongrie et la Bulgarie, anciennement sous l'influence soviétique. En revanche, vous serez étonnés de retrouver sur cette liste… la France, la plus active à s'y opposer avec un égocentrisme économique évident et révoltant pour les Ukrainiens.

Mais la Russie est le pays qui gère la moitié de l'enrichissement d'uranium, procédé très complexe, nécessaire pour les besoins mondiaux. Difficile dans ces conditions de renverser la table. Encore une fois, la naïveté, l'égoïsme et le manque de vision à long terme de nos dirigeants nous placent dans une position fort délicate.

6

Sabotages en chaîne

La doctrine Guérassimov est le point de rencontre de tout ce qui a été décrit jusqu'ici. Du nom du chef d'état-major des forces armées russes, cette pensée est celle de la guerre où tous les coups, même les plus tordus, sont permis ! Il s'agit de sortir du champ de bataille « traditionnel » : opérations de déstabilisation, *fake news*, piratages informatiques, attentats sous faux drapeau… L'armée russe, puissante, auréolée des souvenirs de ses actes de bravoure et de sacrifice face aux nazis, les défilés sur la place Rouge… Rien de tout cela n'est apparu lors de l'attaque contre l'Ukraine. Nous assistions à une guerre conventionnelle, quasi anachronique. Puis est venu le temps des crimes de guerre, les bombardements de cibles civiles, d'hôpitaux, de quartiers résidentiels, les exécutions sommaires… Alors que les Russes semblaient coincés dans une bulle temporelle, au XXe siècle, le reste du monde, lui, vivait avec son temps. Chaque acte passible de poursuites devant la Cour pénale internationale de La Haye était documenté, filmé par des smartphones, diffusé sur les réseaux sociaux.

À la fin de l'été 2022, l'atmosphère change, une

deuxième vague de cette sale guerre s'annonce. Vladimir Poutine commence à « jouer du robinet ». Chantage sur le blé, le gaz, dans un marché mondialisé, et fortement concurrentiel, la démarche a tout d'un acte suicidaire. Le client éconduit va voir ailleurs, quand bien même trouver un nouveau fournisseur de gaz prendra plus de temps que de changer de marque de pâtes.

Le 26 septembre, les gazoducs Nord Stream 1 et 2, distribuant le gaz depuis la Russie vers l'Allemagne, sont victimes de sabotage en mer Baltique, dans les eaux territoriales danoises. Quatre énormes fuites s'échappent des conduits suite à une ou des explosions, par 80 mètres de profondeur. Deux conduits de NS1 et un conduit de NS2 sont touchés par ces attentats d'un genre nouveau.

La Russie accuse immédiatement l'Occident !

Le gazoduc Nord Stream 1, construit en plusieurs années, a commencé à fonctionner en 2011, il est donc déjà ancien, de fait il a été décidé de doubler sa capacité et éventuellement de le remplacer par le NS2.

Nord Stream 2, au moment du sabotage, n'a pas encore la certification qui lui permettrait de fonctionner. Les retards commencent durant la présidence Trump, coups de pression et menton levé, pour placer « son » gaz de schiste en lieu et place du gaz russe. Le républicain a beau apprécier Poutine, « *Business and America first* » ; lorsque Joe Biden arrive au pouvoir, il lève, de façon assez incompréhensible, les sanctions qui pesaient sur l'Allemagne de façon assez incompréhensible. Les travaux reprennent, le gazoduc est fini en septembre 2021. Mais le changement de coalition au sein du gouvernement allemand, sous la pression des écologistes, va encore repousser la certification, et donc la mise en route. Poutine, de son côté, place ses pions et contre-attaque. Il sait que l'Allemagne dépend à 55 % du gaz russe. Un problème de fonctionnement d'une turbine de NS1, envoyée en révision au Canada, force à réduire davantage le débit, il faut absolument accélérer le processus de NS2. Mais la guerre en Ukraine va enrayer la mise en service du gazoduc.

Les sanctions commencent à tomber. Par mesure de rétorsion, Poutine, par la voix de son ministre des Affaires étrangères Sergueï Lavrov, ordonne de baisser la quantité de gaz en circulation et exige d'être payé en roubles. Il s'assied sur les contrats qui avaient été signés comme si tout cela n'existait pas. Le gouvernement russe risque potentiellement d'être soumis à d'énormes amendes pour rupture unilatérale des accords passés.

En cas de panne ou d'un accident de force majeure, cela dédouanerait Moscou et déplacerait le centre de la responsabilité vers… l'Occident.

Qui est derrière ce sabotage ? Une enquête est en cours, mais plusieurs versions commencent à faire surface.

Les Américains et (ou) une partie des Occidentaux voudraient faire passer un message à Poutine. Il ne pourra plus se servir de ce levier pour faire pression sur l'Europe, et le gaz américain est prêt à le remplacer.

Il existe déjà un terminal capable de traiter le gaz

liquide en mer Baltique, d'autres sont en projet. C'est un marché énorme qui s'ouvrirait pour les États-Unis, qui demande néanmoins des aménagements techniques. Le gaz liquide de schiste est une aberration écologique mais il semble que le gouvernement américain a tranché, c'est sa volonté. Il est transporté à l'état liquide dans d'énormes tankers puis gazéifié dans des plateformes spécialement créées pour cela.

La France a trois projets en cours, d'autres pays européens suivent la tendance. Un premier terminal de gaz naturel liquéfié (GNL) a vu le jour le 17 décembre 2022 à Wilhelmshaven en bordure de la mer du Nord. Six autres doivent suivre d'ici fin 2023 en vue de couvrir un tiers des besoins annuels de l'Allemagne en gaz. Pour se passer du gaz russe, la Finlande a reçu, dix jours plus tard, son premier navire-terminal d'importation de GNL qui pourra également permettre les livraisons vers les pays baltes (Estonie, Lettonie et Lituanie) ainsi que vers la Pologne via le gazoduc Baltic Connector, qui relie la Finlande et l'Estonie.

En analysant objectivement les faits, l'hypothèse d'un sabotage par un pays « ami » est recevable, il y a là de gigantesques intérêts économiques à la clé et un bon moyen d'affaiblir davantage la Russie.

Publiée le 8 février 2023 sur son blog, l'information d'un journaliste d'investigation américain fait l'effet d'une bombe. Selon Seymour Hersh, les sabotages des gazoducs sont l'œuvre des États-Unis et non de la Russie, comme l'accusaient plusieurs pays occidentaux. Hersh n'est pas n'importe qui dans la profession : il a reçu le prix Pulitzer pour ses révélations sur le massacre de Mỹ Lai et cinq prix George-Polk entre 1969 et 2004. Sauf que cette fois-ci il s'appuie sur une source anonyme, ce qui, dans ce dossier précis, s'avère gênant.

Néanmoins, certains éléments sèment le trouble. Par exemple, cette phrase qui, a posteriori, pourrait sonner comme un aveu : « Couper le gaz russe va faire du mal à l'Europe, mais c'est le prix que je suis prêt à payer », a dit Joe Biden, le 25 mai 2022.

Le contexte ? Cette phrase est prononcée au moment où l'Union européenne et les États-Unis élaborent de nouvelles stratégies pour diversifier les sources d'approvisionnement d'énergie. Le crime semble parfait... Simple, trop simple.

Quelques jours après le sabotage, des *leaks*, fuites d'interception d'échanges téléphoniques ou par messagerie, apparaissent sur Internet.

« *It's done.* » Un « C'est fait », que la Première ministre anglaise Liz Truss aurait envoyé à Antony Blinken, le secrétaire d'État américain, quelques minutes après les explosions. « L'information » est tout de suite reprise par le gouvernement russe qui demande des explications officielles. Sauf que... le téléphone de Liz Truss a été hacké quelques mois auparavant, les services anglais ont tout de suite réagi, et changé son appareil. Avec les précautions que l'on imagine. Mauvais timing !

On « attendait » la guerre asymétrique russe, il me semble que nous y sommes.

Continuons. Le gazoduc Nord Stream 1 a été rentabilisé plusieurs fois, ses deux conduits sont endommagés. Le seul conduit encore en état de marche provient de NS2. Les Russes peuvent être derrière cette opération qui aurait deux avantages stratégiques : forcer l'Allemagne à certifier NS2 avant l'arrivée de l'hiver, et des pénuries potentielles.

Ensuite, qui serait assez fou pour saboter son propre matériel ?

Personne, a priori, le coupable serait forcément désigné, puisqu'il a tout à gagner avec ce sabotage : les États-Unis.

L'enquête va être longue, l'utilisation des images satellites ne risque pas d'être d'une grande aide par 80 mètres de profondeur. On se souvient du sous-marin russe *Koursk* qui avait sombré après un accident à bord en 2000.

Deux hypothèses du *modus operandi* :

1/ Des plongeurs de combat placent des charges explosives sur les canalisations. D'accord, mais d'où viennent-ils et où repartent-ils ? Un navire, un sous-marin ?

2/ Les explosions viennent de l'intérieur. Les explosifs avaient été placés à l'aide de petits appareils dédiés à la supervision des conduits.

Si l'enquête aboutit, nous saurons : si l'explosion vient de l'intérieur, c'est un sabotage russe.

Des rebondissements en mars 2023 font apparaître une troisième hypothèse – ukrainienne, selon le *New York Times* –, sur la base d'informations obtenues par le renseignement américain qui aurait imputé ce sabotage à un « groupe pro-ukrainien » mais sans implication directe du président Zélensky. De leur côté, des médias allemands ont détaillé d'autres éléments de l'enquête judiciaire : selon l'hebdomadaire

Die Zeit ainsi que les chaînes publiques ARD et SWR, le bateau ciblé par la justice aurait été loué par une société basée en Pologne « appartenant apparemment à deux Ukrainiens ». De faux passeports auraient été utilisés pour la location.

Le gaz n'est pas le seul élément hautement stratégique à circuler dans les profondeurs maritimes. Les câbles sous-marins composés de fibres optiques relient les continents et assurent 99 % du réseau Internet et des transactions financières mondiales. Dix mille milliards de transactions quotidiennes, 1,3 million de kilomètres de câbles. Le système est vulnérable, trop étendu. Comme on pouvait s'y attendre, les services russes sont curieux : régulièrement, des navires sont repérés dans les zones concernées par ces câbles. En août 2021, au large de l'Irlande, le *Yantar* censé faire des recherches biologiques se fait attraper la main dans le pot de confiture : un mini-sous-marin s'était détaché du navire et suivait le tracé d'un câble, à 6 000 mètres de profondeur, reliant l'Irlande aux États-Unis.

Le même été, au cap Ferret, la DGSI intercepte des citoyens russes qui flânaient autour d'un local d'interface du tout nouveau réseau Amitié reliant la France au continent nord-américain. Les tentatives de sabotage en mer sont complexes, mais le talon d'Achille se trouve souvent… sur la terre ferme.

Le risque d'un black-out, téléphone, Internet, terminaux bancaires, à la suite de la destruction de câbles sous-marins est une menace prise très au sérieux, notamment en France qui est le principal point d'entrée des réseaux de communication et d'échange pour l'Europe.

La Crimée est une péninsule donnant sur la mer Noire et reliée à l'Ukraine par l'isthme de Perekop, une bande de terre, sorte de pont naturel, de 7 à 9 kilomètres de large et de 30 kilomètres de long. Lorsqu'en 2014 Vladimir Poutine ordonne l'annexion de la Crimée par la force, il se retrouve face à un problème majeur. Les Ukrainiens, logiquement, bloquent le seul accès terrestre à la péninsule. Plus d'électricité, de gaz, d'eau potable. Alors le ravitaillement et les déplacements doivent se faire en bateau ou en avion depuis le territoire russe – un vrai casse-tête pour Moscou. En 1954, la Crimée appartenait à la république soviétique de Russie mais tout le ravitaillement venait de l'Ukraine voisine : eau, électricité, chemins de fer, autoroutes. Un casse-tête administratif, un contresens en termes de planification et de gestion territoriale. Nikita Khrouchtchev décida alors de la rattacher à l'Ukraine, c'était logique et naturel. Poutine a certainement séché ses cours d'histoire, il fait un bond de soixante-dix ans en arrière.

Le pont de Kertch, dont la construction est décidée dès 2014, est vital pour résoudre les principaux des énormes problèmes de logistique pour la péninsule occupée par les Russes. La deuxième tranche est achevée en 2019, l'ouvrage d'art a coûté 3 milliards d'euros.

Quatre voies pour les véhicules, une ligne ferroviaire, c'est un symbole. En tant que tel, Poutine l'inaugure en grande pompe par deux fois, au volant d'un camion en 2018 puis dans la cabine du conducteur de train en 2019. En tant que symbole, et cible stratégique de premier ordre, il fait aussi l'objet d'une surveillance constante de la part de la Garde nationale et du FSB.

Le 8 octobre 2022, à environ 6 heures du matin, un semi-remorque de 20 tonnes venant de la partie russe explose alors qu'il circule sur le pont. À proximité, un train transporte des citernes de fuel, le feu prend et dure plusieurs heures.

En vingt-quatre heures, au terme d'une enquête menée tambour battant, les services de sécurité russes identifient le camion, avec une cargaison de films d'emballage, et son parcours, pour le moins étrange, jusqu'au pont. Il est passé par la Bulgarie, la Géorgie, Krasnodar en Russie, la mer Noire. Le coupable est vite désigné, ce serait le SBU, les services secrets ukrainiens. « Preuve » supplémentaire, l'attentat a lieu le lendemain de l'anniversaire des soixante-dix ans de Vladimir Poutine.

Une vidéo circule sur les réseaux sociaux au même moment. On y voit la célèbre interprétation du « Happy Birthday, Mr President » chantée par Marilyn Monroe pour J. F. Kennedy. Les représentants du gouvernement ukrainien restent évasifs.

Mais comment ont-ils fait ? On découvre que le chauffeur est un Azerbaïdjanais de confession musulmane, mais la piste islamiste est abandonnée très vite. Grâce à son plan de route, on apprend qu'il devait traverser le pont la veille, mais qu'il a décidé de dormir dans un petit village non loin de là.

Nous ne sommes qu'au début du mystère.

La société responsable de cet acheminement de

palettes de rouleaux de film d'emballage se nomme Tek 34. Basée à Oulianovsk, dans le sud-est de la Russie, elle cesse ses activités en 2020, et ne les reprend qu'au mois de mars 2022. C'est via un site Internet d'offres d'emploi qu'elle publie l'annonce. Dix minutes à peine après la publication, le futur chauffeur du camion y répond.

Le site d'enquête Rucriminal a pu déterminer que l'annonce avait été publiée depuis un ordinateur situé à Moscou et non à Oulianovsk.

Autre bizarrerie, aucun limogeage suite à l'attentat n'est annoncé au sein des différents services de sécurité responsables du pont de Kertch.

Ça continue… Le 5 octobre, trois jours avant l'attentat, le secrétaire du Conseil de sécurité de la Fédération de Russie, Nikolaï Patrouchev, un autre intime de Poutine, assiste à un séminaire sur la sécurité en Crimée. De nombreux responsables des différents services sont présents. Une coïncidence sans doute. C'est le même homme qui, en septembre 1999, avait déclaré après l'arrestation à Riazan d'officiers du FSB en possession d'explosifs en pleine période d'attentats attribués aux séparatistes tchétchènes qu'ils effectuaient un simple exercice avec du sucre. Encore une coïncidence ?

Le lendemain de l'attentat de Kertch, Vladimir Poutine nomme le général Sergueï Sourovikine commandant du groupe combiné de troupes dans la zone de l'opération spéciale, autrement dit celui que l'on surnomme le général Armageddon devient le nouveau responsable militaire de la guerre contre l'Ukraine.

Dès le lundi 10 octobre, des frappes aériennes massives touchent Kiev, dont de nombreuses cibles civiles. Le caractère de la guerre change, l'explosion sur le pont est un *casus belli* pour Poutine.

Pendant les trois mois où Sourovikine a dirigé les opérations, les plus grosses phases de bombardements, attaques de drones *made in Iran* et autres missiles ont eu lieu en tout début de semaine.

Le 15 novembre, un mardi, le démontre. Ce jour-là, c'est un déferlement de bombes qui s'abat sur l'Ukraine. Quarante pour cent des capacités électriques du pays sont neutralisées, Kiev se retrouve totalement dans l'obscurité et sans chauffage. Au même moment, le G20 est réuni à Bali. Sergueï Lavrov, ministre des Affaires étrangères, représente la Russie. La situation ukrainienne est au centre des discussions. Encore une coïncidence ? Ou plutôt une provocation délibérée ? Cette fois-ci, elle est allée très loin, trop loin...

Peut-être par provocation, un déferlement de bombes s'abat sur l'Ukraine ce jour-là : 40 % des capacités électriques du pays sont neutralisées, Kiev se retrouve totalement dans l'obscurité, et sans chauffage.

À 15 h 40 un missile s'écrase à Przewodów en Pologne, à 6 kilomètres de la frontière ukrainienne. Deux personnes sont tuées. Le président Volodymyr Zélensky fait une déclaration officielle et accuse la Russie d'avoir lancé ce missile. Les médias du monde entier sont en ébullition.

Jamais depuis la guerre de Corée en 1950 et la

crise des missiles de Cuba en 1962 le monde ne s'était retrouvé aussi près d'une guerre mondiale.

La Pologne fait partie de l'Union européenne et de l'OTAN. L'article 5 du traité de l'Atlantique nord est formel : « Une attaque armée contre l'une ou plusieurs d'entre elles [parties] survenant en Europe ou en Amérique du Nord sera considérée comme une attaque dirigée contre toutes les parties. En conséquence, elles conviennent [...] dans l'exercice du droit de légitime défense, y compris l'emploi de la force armée, qu'elles assisteront la partie ou les parties ainsi attaquées [...] »

Le traité de Lisbonne renforce la solidarité des États membres de l'Union européenne face aux menaces extérieures en introduisant une clause de défense mutuelle (article 42 paragraphe 7 du traité sur l'UE). Cette clause prévoit que, dans le cas où un État serait l'objet d'une agression armée sur son territoire, les autres États membres lui doivent aide et assistance par tous les moyens en leur pouvoir, conformément à l'article 51 de la Charte des Nations unies.

Peut-on se retrouver dans cette situation d'un face-à-face OTAN-Russie ?

Le gouvernement polonais organise une réunion de son Conseil de sécurité en urgence, la tension monte d'un cran.

Une enquête est aussitôt diligentée tandis que le camp ukrainien continue d'accuser les Russes. On ne sait rien et pourtant, très vite, la prudence semble de mise chez les Européens. Le 16 novembre, le Premier ministre polonais Mateusz Morawiecki appelle la population au calme et à ne pas se laisser manipuler. Le président Andrzej Duda quant à lui confirme qu'il s'agit bien d'une arme de fabrication russe mais qu'il n'existe, pour le moment, aucune preuve univoque de l'origine géographique du lancement.

L'article 4 du traité de l'Atlantique nord est évoqué. Celui-ci est beaucoup plus tempéré : « Les parties se consulteront chaque fois que, de l'avis de l'une d'elles, l'intégrité territoriale, l'indépendance politique ou la sécurité de l'une des parties sera menacée. »

Joe Biden, Emmanuel Macron, le secrétaire général de l'OTAN, tous jouent la même musique. Prudence, prudence…

Il s'agit bien d'un missile de fabrication russe, un S-300, mais ce serait un accident. Lors des bombardements, ce mardi 15, l'engin « échoué » en Pologne aurait été utilisé par la défense antiaérienne ukrainienne contre l'ennemi mais aurait raté sa cible. L'Ukraine possède des armes russes, c'est un accident fort regrettable.

Problème : Zélensky s'entête. Au risque de provoquer cette escalade dans la guerre qu'il condamne habituellement. Cela commence à agacer sérieusement ses alliés.

Oleg Jdanov est devenu une star sur YouTube depuis le début de la guerre : des millions de vues pour ce spécialiste militaire de l'artillerie qui fait un compte rendu quotidien de la situation sur le terrain en Ukraine.

Il analyse les quelques images du cratère et en conclut qu'il s'agit bien d'un missile S-300, muni d'une charge explosive de 130 kilos. Le S-300 est un missile sol-air, très fiable, destiné à contre-attaquer face à des avions, ou d'autres missiles. S'il rate sa cible, il est muni d'un système d'autodestruction, afin qu'il n'explose surtout pas en retombant au sol. Logique. Pourtant, en l'occurrence, le système n'a pas fonctionné.

Mais on sait que les Russes, pour parer à la pénurie grandissante de leur arsenal, ont modifié certaines armes afin de les utiliser dans d'autres contextes. Ainsi le S-300 est devenu un missile sol-sol, utilisé contre des cibles terrestres en Ukraine.

La confusion, une fois de plus, s'installe, d'autant que Joe Biden affirme très vite – trop ? – que d'après les renseignements recueillis par ses services, le missile n'a pas été lancé du territoire russe.

Zélensky ne veut pas en démordre : c'est bel et bien un missile russe qui a frappé le sol de l'OTAN. Et si c'était depuis la Biélorussie de Loukachenko ? Sa frontière Sud est, à vol d'oiseau, à moins de 180 kilomètres – ce qui correspond au rayon d'action des complexes russes S-300 ou S-400 qui y sont déployés. L'ambiguïté de la phrase de Biden pourrait inclure une telle hypothèse. Donc, il faut agir, fermement et vite ! Cette fois-ci il n'y a pas de doute sur les intentions belliqueuses de Poutine contre l'Occident. Il faut donner à l'Ukraine des armements lourds offensifs. L'OTAN doit entrer dans la danse !

Face à cette résolution ukrainienne, un jeu sournois politico-diplomatique se déploie. En réalité, personne ne veut enclencher l'article 5 du traité de l'Atlantique nord. Personne ne veut de la confrontation directe entre l'OTAN et la Russie. Personne ne veut entrer dans une guerre mondiale. Le téléphone rouge chauffe entre Kiev et les grandes capitales occidentales. On fait pression sur Zélensky qui résiste, s'entête à tout mettre sur le dos des Russes.

Il va tenir quarante-huit heures au bout desquelles on lui fait comprendre que le sort de l'Ukraine dépend des livraisons d'armes occidentales et que sans cette aide elle ne pourra jamais vaincre la Russie. Et pour continuer à recevoir cette aide, le président ukrainien doit faire des concessions. Pire : on exige de lui d'admettre publiquement que c'était un missile ukrainien. La pilule est amère pour un jeune président qui apprend le métier de gouvernant : avaler les couleuvres pour prodiguer des mensonges pieux afin de sauver le monde de la catastrophe.

Dans l'extraordinaire série *Serviteur du peuple*, le jeune comédien Zélensky a déjà joué des crises pareilles et pris de dures décisions en tant que président de l'Ukraine. Pensait-il qu'il lui faudrait vivre la même chose, voire pire, dans la vraie vie ?

Deux projectiles tirés le vendredi 10 février 2023 au matin « depuis la mer Noire » ont d'abord survolé le sud de l'Ukraine avant de pénétrer en territoire de Moldavie, puis de « traverser l'espace aérien roumain à approximativement 08 h 33 GMT » et d'entrer à nouveau dans l'espace aérien ukrainien, a affirmé dans un communiqué le commandant en chef de l'armée ukrainienne, Valéri Zaloujny.

Une trajectoire techniquement possible si les missiles de croisière ont été tirés depuis la mer Noire, où l'armée russe dispose d'une importante flotte.

Or, ce survol de missiles intervient dans un contexte très particulier.

L'armée ukrainienne vient d'essuyer un nouvel assaut de la Russie sur « les villes et les infrastructures essentielles » du pays. Une « attaque massive ». Au même moment, le président Volodymyr Zélensky achève un voyage triomphal au Royaume-Uni, en France et à Bruxelles pour réclamer plus d'armes à ses alliés occidentaux. Cette nouvelle provocation russe, si elle est confirmée, intervient quelques jours seulement après les déclarations fracassantes de Sergueï Lavrov, le sulfureux ministre russe des Affaires étrangères, menaçant précisément la Moldavie d'être la prochaine sur la liste des cibles russes.

La Roumanie, pays membre de l'OTAN, a d'abord hésité à confirmer l'information, avant de déclarer qu'« aucun missile » n'était entré dans son espace aérien. Les « systèmes de surveillance ont détecté ce qui semble être un missile de croisière tiré depuis un navire russe situé en mer Noire, près de la Crimée, mais il n'a pas traversé l'espace aérien roumain », a détaillé le ministère de la Défense dans un communiqué, ajoutant que le missile ne se serait approché qu'à 35 kilomètres des frontières roumaines. Deux avions de chasse de fabrication soviétique MiG-21 de l'armée de l'air roumaine, évoluant sous commandement de l'OTAN, ont été dirigés vers le nord du pays pour « clarifier rapidement la situation », a renchéri le ministère roumain de la Défense.

La Moldavie voisine a, en revanche, attesté dur comme fer qu'un missile était bien entré dans son espace aérien « au-dessus de la ville de Mocra dans la région de Transnistrie et, plus tard, au-dessus de la ville de Cosăuți dans le district de Soroca, en direction de l'Ukraine ». Pire encore, trois jours plus tard la Moldavie annonçait la fermeture de son espace aérien pour des raisons de sécurité.

Les paroles menaçantes de Lavrov au sujet de ce petit pays ravagé par une crise économique sans précédent trouvent alors un étrange écho, la Première ministre Natalia Gavrilita est débarquée, aussitôt remplacée par Dorin Recean. Les services de renseignement moldaves auraient découvert que des activités « subversives » auraient été en cours, et Kiev aurait transmis des informations sur un plan de « destruction » de la Moldavie manigancé par le FSB.

Dans ces conditions, les déclarations roumaines, pour le moins étranges, paraissaient cousues de fil blanc. De toute évidence, l'OTAN a poussé la Roumanie à nier fermement cette possible violation de l'espace aérien européen pour ne pas créer de *casus belli* et enclencher l'article 5 du Traité.

Il semblerait que les dirigeants européens aient tiré les leçons du face-à-face Khrouchtchev-Kennedy en 1962 qui aurait pu mener à la catastrophe, ils ne semblent pas prêts à vouloir déclencher un conflit mondial aussi rapidement.

Que cela soit intentionnel ou pas, il y a de grandes chances que le missile ait été tiré par l'armée russe. Par le passé, Poutine a déjà testé l'Europe occidentale et les membres de l'OTAN.

Encore en février 2023, le ministère de la Défense des Pays-Bas a informé que deux F-35 de l'OTAN ont intercepté trois chasseurs russes dans l'espace aérien polonais et les ont escortés dehors. Et l'OTAN s'est

toujours pliée ainsi aux provocations russes, quasi quotidiennes, depuis des décennies, sauf une exception.
Le 24 novembre 2015, un Su-24, de retour de Syrie, entre dans l'espace aérien turc. Il est abattu dix-sept secondes plus tard. Erdogan, à l'instar de son « allié » de circonstance Poutine, sait aussi manier le langage de la force, sans trop de finesse.

L'escalade a bien commencé : jusqu'où ira-t-elle ?

PARTIE II
LE FIASCO RUSSE

7

Les faucons du Kremlin

« L'analyse des forces morales occupe une place importante dans l'étude de la tactique », écrivait le célèbre Clausewitz dans la *Théorie du combat*.

Il n'y a pas de doute que le tsar maléfique a un certain génie de la tactique qui lui permet depuis le début de la crise de prendre l'initiative souvent au bon moment dans le cadre de sa stratégie de la dramatisation.

À la surprise générale, Vladimir Poutine, le 15 juillet 2022, convoque ainsi une session extraordinaire de la Douma. Dans le contexte de la guerre qui se déroule en Ukraine, cette annonce inquiète les observateurs étrangers et provoque nombre de questions au sein du Parlement russe. Que va-t-il faire ?

On parle d'une mobilisation générale, d'une contre-attaque ukrainienne dans la zone de Kherson qui tarderait à venir…

Comme un *blockbuster* de fin d'année que l'on attend avec impatience, trop peut-être, le résultat semble un peu décevant.

Dmitri Rogozine, le boss de l'agence gouvernementale de l'espace, Roscosmos, est alors démis de ses fonctions et immédiatement remplacé par Iouri Borissov, vice-Premier ministre chargé du complexe militaro-industriel russe.

Les chaises musicales, on connaît, c'est une pratique somme toute assez classique.

Mais l'agence spatiale russe n'est pas n'importe quelle agence, et son ex-patron est un personnage bien intéressant et terriblement sulfureux.

Roscosmos produit tout ce qui touche à l'espace, civil mais aussi militaire. Forte d'un budget d'environ 150 milliards de roubles, un peu moins de 2 milliards de dollars, elle emploie 170 000 personnes. L'équivalent de la Nasa américaine, la fabrication des missiles en plus...

En avril 2022, depuis le cosmodrome de Plessetsk, un essai de lancement du nouveau missile balistique intercontinental RS-28 Sarmat est réalisé. Celui-ci parcourt 6 000 kilomètres avant de s'écraser sur sa cible dans la région du Kamtchatka. Il n'est bien évidemment pas équipé d'ogives conventionnelles ou nucléaires mais c'est une réussite.

Celui que les Occidentaux surnomment Satan 2 est le plus gros missile jamais produit : 200 tonnes, une portée de 18 000 kilomètres, volant à la vitesse estimée de 7 500 kilomètres-heure, capable de varier sa trajectoire à tout moment, pouvant porter simultanément jusqu'à 15 ogives nucléaires avec la charge commune de 50 mégatonnes, c'est-à-dire 3 000 fois plus que la bombe d'Hiroshima. L'ange déchu porte bien son nom, c'est un terrible engin de mort. Et Vladimir Poutine d'annoncer fièrement que la Russie en sera bientôt dotée de 50 exemplaires.

Durant les semaines qui suivent le lancement réussi, Rogozine se répand sur les réseaux sociaux, son péché mignon. Twitter et Telegram sont ses terrains de jeux favoris : « Je suggère à nos agresseurs de nous parler plus poliment désormais », « Voici un cadeau pour l'OTAN ».

Plus tard, il poste une vidéo montrant le cratère causé par le Sarmat, accompagnée d'un commentaire sans équivoque : « Un tel cratère causé par une tête nucléaire lancée sur une cible ennemie serait très large, très grand et très radioactif... Et je ne parle pas d'une seule tête, mais de ce que le missile le plus puissant du monde pourrait transporter... »

On n'en attendait pas moins d'un personnage qui avait par le passé annoncé vouloir aller sur Mars et coloniser la Lune. Pour cet ancien étudiant en journalisme et en économie, qui n'a jamais fait d'études scientifiques de sa vie, tout est possible.

Il a pourtant occupé ce poste ô combien stratégique pendant quatre ans. Encore une aberration du système russe où la médiocrité et la ruse sont érigées en exemples de réussite.

Derrière l'apparente réussite du Sarmat, j'y reviendrai, la réalité de la recherche spatiale russe actuelle est loin de ce que l'on pourrait imaginer.

Autrefois grande puissance de l'espace, je pense en particulier aux fusées Soyouz qui ont fait la gloire de l'URSS, ont fait rêver des millions de petits Soviétiques dont je faisais partie, et l'ont en partie ruinée, la Russie essaie désormais de rattraper un retard énorme. Sur les quelque 2 063 satellites en orbite autour de la Terre, plus de la moitié sont américains, une petite centaine à peine viennent de Russie. Et l'envoi d'un satellite espion dernier cri tel que le Kosmos-2558 n'est que l'arbre qui cache une forêt bien clairsemée et vieillissante.

Une technologie dépassée mais dotée de quelques avantages : les porteurs russes étaient peu chers et fonctionnaient bien. La modernisation se faisait grâce aux programmes spatiaux internationaux, avec la France notamment. Plus proche de l'équateur, la base de Kourou, en Guyane, permettait d'économiser une quantité non négligeable de carburant lors des lancements.

La fin de la récréation a sonné avec les sanctions imposées par l'Europe après l'invasion de l'Ukraine.

Rogozine qui avait promis à Poutine la création de cinq nouveaux porteurs qui feraient entrer la Russie dans le troisième millénaire allait en être pour ses frais.

Le nucléaire est décidément l'obsession du tsar du Kremlin, plus qu'aucun de ses prédécesseurs.

Les nazis avaient réussi à construire les premiers missiles balistiques, V1 et V2, heureusement pour nous trop tard pour changer le cours de la guerre. Sinon le destin du monde eût été tout autre. Tout ne fut pas perdu et le savoir-faire précieux des ingénieurs allemands trouva grâce auprès des Américains, et des espions soviétiques qui volèrent les plans.

Dmitri Rogozine s'est-il servi de l'appétit de Poutine pour l'arme atomique ? Sûrement. Mais beaucoup de promesses non tenues ont finalement eu raison de son poste à l'agence spatiale.

Déjà en 2021, mécontent des performances du programme spatial et des nombreux retards, Poutine lui-même avait réduit les budgets alloués à l'agence pour 2022, 500 millions de dollars en moins.

Le missile Sarmat, bien que diaboliquement efficace, n'est toujours pas entré en phase de production industrielle, et l'industrie spatiale russe manque désormais cruellement de composants électroniques, tous fabriqués à l'étranger. Dépendre d'autres pays que l'on considère comme ennemis pour produire des armes qui pourraient leur être destinées, voilà un drôle de paradoxe, en somme.

Le personnage de Rogozine lui-même incarne bien le fonctionnement du régime. Beau parleur, amateur de belles choses, il possède une datcha au nord de Moscou estimée à 3 millions de dollars, des voitures haut de gamme… Alexeï Navalny, opposant au régime de Poutine, avait déclaré en 2019 avoir des preuves de la corruption généralisée et des détournements de fonds qui régnaient au sein de Roscosmos.

Retour quelques années en arrière. Âgé de trente ans, Dmitri rejoint le Congrès des communautés russes du général Lebed en 1992, un groupe de défense des Russes dans les ex-républiques soviétiques. La même année, il participe à des combats aux côtés de mercenaires russes en Moldavie, qui vient de déclarer son indépendance et tente d'asseoir son autorité sur le territoire de la Transnistrie, majoritairement russophone.

Durant cette période, Rogozine apparaît sur une photo pointant un pistolet sur la tête d'un de ses camarades endormis.

Le général Lebed participe lui aussi aux combats. Promis à une brillante carrière, ce militaire décidé à se lancer en politique se mit à dénoncer l'emprise des groupes criminels dans la Russie post-soviétique de Poutine. Envoyé comme gouverneur en Sibérie, en guise de mise au placard, le malheureux meurt dans un accident d'hélicoptère en avril 2002. Toujours ces maudites coïncidences.

Rogozine, lui, continue son ascension. Il devient député de la Douma en 1997, cofonde le parti ultranationaliste Rodina en 2003, puis Grande Russie en 2007. Il se fait remarquer dans diverses manifestations publiques, le bras droit bien tendu, entouré de pancartes qui appellent les « Blancs de tous les pays à se réunir » ou pour mettre en garde contre « le fascisme juif, le plus dangereux de tous ». À ses côtés des néonazis tels que Konstantin Krylov, écrivain antisémite et inventeur du concept de « nazisme russe ».

Malgré ces nombreuses casseroles qui auraient dû lui valoir le sceau de l'infamie, il est nommé ambassadeur de Russie auprès de l'OTAN en 2008, puis vice-président du gouvernement russe pour la défense et l'industrie spatiale en 2011. Un véritable populiste fasciné par la violence, c'est ironique quand on pense aux déclarations de Poutine sur la « dénazification » de l'Ukraine. Heureusement pour nous, son remplaçant, Borissov, promet d'être tout aussi incompétent et inefficace.

Poutine n'a placé Rogozine nulle part après sa démission, chose rare en Russie où un incompétent trouve toujours sa place tel un Medvédev au Conseil de sécurité. Disparu de la circulation pendant quelques mois, Rogozine fait à nouveau parler de lui en décembre 2022.

D'abord pour se ridiculiser involontairement dans une vidéo où il apparaît en tenue militaire au Donbass. Parce que non seulement il n'est pas là pour combattre au front, mais surtout parce que tout son équipement sophistiqué est… occidental. Quand on sait que les nouveaux appelés russes sont tous sous-équipés…

Son équipement ne lui sert que peu, il est victime d'une frappe ukrainienne alors qu'il est en train de fêter son cinquante-neuvième anniversaire dans un restaurant de Donetsk. La frappe de précision à longue distance, ayant fait plusieurs morts et blessés, aurait été effectuée grâce au canon français Caesar. Pour se faire mousser, Rogozine enverra le 4 janvier 2023 un bout de l'obus qui l'aurait blessé à Emmanuel Macron à l'Élysée.

Cerise sur le gâteau : Rogozine est blessé au… postérieur. Pour lui sauver la face, les médias russes de propagande parlent d'une blessure au dos.

La question la plus intéressante : qui a renseigné les Ukrainiens sur les habitudes de Rogozine à Donetsk avec une telle précision ? Et si c'étaient les Russes eux-mêmes ? Le sulfureux agitateur tombé en disgrâce est-il devenu trop gênant pour Poutine ?

Il est fort possible que dans quelques mois nous apprenions qu'il est mort lors d'un accident de chasse ou qu'il s'est fracassé le crâne en glissant sur le sol de sa salle de bain… Les accidents domestiques tuent énormément en Russie, bien plus qu'ailleurs dans le monde.

Heureusement pour nous, le remplaçant de Rogozine, Borissov, promet d'être tout aussi incompétent et inefficace. Promesse tenue le 20 février 2023, pendant la visite surprise de Joe Biden à Kiev : le lancement du nouveau missile Sarmat échoue, le deuxième étage refusant de fonctionner. Spectaculaire échec, y compris médiatique, en dépit des menaces persistantes de Poutine lui-même !

Un personnage est sorti du jeu, un autre est entré, encore plus inquiétant. Le général Sergueï Sourovikine, cinquante-six ans, est nommé commandant des forces armées pour l'« opération spéciale » en Ukraine le 9 octobre 2022.

Lui est un vrai militaire, contrairement au ministre de la Défense Choïgou, et son CV est un concentré de brutalité et d'exactions en tout genre.

On commence à entendre parler de lui en août 1991, lors de la tentative de putsch contre Mikhaïl Gorbatchev, à laquelle il participe.

Alors capitaine d'une unité de blindés d'élite, il entre à Moscou pour « restaurer l'ordre public » et se retrouve vite face à une foule de civils. Il n'a pas encore trente ans, il est de la même génération que ceux qui se dressent derrière les barricades… et pourtant. Il donne l'ordre aux chars d'avancer, trois personnes sont tuées, dont une écrasée sous les chenilles d'un mastodonte d'acier. Le putsch contre la perestroïka échoue, il est mis aux arrêts – haute trahison et assassinat –, c'en est fini de lui.

Sept mois de prison plus tard, il est libéré… et

blanchi de toutes les accusations. Le bruit court que Boris Eltsine, le tout nouveau président de la Fédération de Russie, aurait été son mystérieux sauveur. Pourquoi ? Nul ne le sait. Plus extraordinaire encore, il obtient le grade de commandant !

Dans un pays où la corruption gangrène toutes les strates de la société, Sourovikine mène sa barque ; il est impliqué dans une affaire de trafic d'armes au sein de l'Académie militaire Frounzé en 1995, mais il échappe à toutes les sanctions. Un vrai miraculé.

Très bien vu par la hiérarchie, il est un exécutant zélé, sans aucun état d'âme. Il va le prouver lors de la deuxième « opération spéciale » en Tchétchénie, à la tête d'une division d'infanterie en 2005. Le 4 juin, à Borozdinovskaïa, des soldats du bataillon Vostok investissent le village, procèdent à l'arrestation brutale de 200 hommes ; 11 d'entre eux ne réapparaîtront jamais. Bien que la responsabilité de Sourovikine dans cette rafle n'ait jamais été formellement prouvée, diverses ONG ont émis de sérieux doutes.

Je m'arrête un instant sur cette sale guerre menée par quelques groupuscules aidés par l'Arabie saoudite. Face à une petite république du Caucase qui n'avait pas grand-chose pour se défendre, la Russie a déployé des moyens militaires et humains qui semblent démesurés. Vu d'Europe dans les années 2000, ce conflit paraissait bien lointain, mais les frappes aériennes massives qui détruisirent quasiment la totalité de la ville de Grozny, les meurtres de dizaines de milliers de civils, femmes, enfants, sous couvert d'une opération « antiterroriste » trouvent, désormais, un écho particulier.

Poutine s'est-il servi de cette guerre pour élaborer sa vision du futur ?

Une sorte de test grandeur nature où il aurait pu se rassurer sur la force de frappe russe et commencer à habituer les Occidentaux à de telles actions « hors normes » ?

On est en droit de se poser la question.

Tout comme pour la Syrie. L'utilisation de vecteurs stratégiques capables de porter des charges nucléaires (missiles de croisière de moyenne portée et bombardiers stratégiques Tu-95 et Tu-160) pour ce qui reste un conflit local semble absurde à première vue. Comme des frappes aériennes depuis les navires mouillant dans la mer Caspienne, l'utilisation de bombardiers lourds, ou d'armes chimiques sur les populations civiles.

Le général Sourovikine va se révéler un élément clé dans cette guerre, notamment dans la province d'Idleb en 2019. Il affirme son *modus operandi* : frappes aériennes continues, cibles civiles, hôpitaux, écoles, marchés. Il y gagnera son surnom de général Armageddon, du nom de la bataille opposant Dieu aux rois dans le Nouveau Testament.

Dès le lendemain de sa nomination comme responsable en chef de toute l'opération militaire en Ukraine, les frappes russes touchent massivement le pays.

Cela ne change rien, les Ukrainiens continuent à se battre, et les aides en matériel militaire d'affluer. Toujours pas de grande bataille biblique.

Le 11 janvier 2023 marque une étape importante, en fait un vrai tournant dans cette opération spéciale qui devient officiellement, selon moi, une guerre totale.

Les différents experts se succèdent sur les plateaux télévisés, décrivant la « valse des généraux » qui avait lieu jusqu'à présent, et le jeu des « chaises musicales » en boucle. En réalité, ils ne se rendent pas compte de ce qui se joue avec la nomination de Valéri Guérassimov au poste de commandant en chef de cette boucherie. Ce n'est plus une valse, on change carrément de danse.

Le grand public le découvre quelques mois avant, le 27 février 2022, lors d'une séquence télévisée surréaliste. Vladimir ordonne alors la mise en alerte des forces nucléaires. J'ai l'impression de voir le début d'un film catastrophe, et j'attends avec impatience que Bruce Willis ou Tom Cruise apparaissent avec pour mission de déjouer la terrible menace qui va s'abattre sur le monde libre ! Déçus, à la place nous avons droit aux mines patibulaires du ministre de la Défense Choïgou et de son acolyte, coiffé d'une magnifique raie sur le côté, Guérassimov. Il est alors le chef d'état-major général des forces armées, le plus haut gradé dans la hiérarchie. Contrairement à Choïgou qui n'est pas un « vrai » militaire mais plutôt un politique, le général connaît son affaire.

Il était déjà à l'œuvre au moment de la deuxième guerre contre la Tchétchénie en 2001.

Il est connu des experts militaires pour avoir écrit ce que l'on appelle, à tort, la doctrine Guérassimov : il s'agit d'un article assez court paru dans une revue militaire qui expose rapidement les stratégies à adopter pour les conflits de nouvelle génération.

Confrontation sur le champ de bataille avec les

moyens conventionnels, infanterie, aviation, mais aussi recours à des « armes » hybrides : propagande, opérations de déstabilisation, cyberattaques.

Dans le cas de l'Ukraine, on ne peut pas parler d'une grande réussite : l'infiltration des agents du FSB et de la GRU, les attaques informatiques et la *Blitzkrieg* annoncée qui devait faire plier Zélensky en quelques jours… tout s'est dégonflé.

Résultat, le brave soldat disparaît littéralement des radars en mars 2022. Un accident de chasse ? Une chute mortelle dans l'escalier ? Toutes les suppositions les plus folles, mais tellement plausibles au Kremlin, circulent.

Pire, il n'apparaît pas lors du défilé sur la place Rouge du 9 mai, le fameux jour de la victoire. C'est sûr, il n'est plus de ce monde.

Son fantôme réapparaît quelque temps plus tard. Nous ne sommes plus dans une superproduction hollywoodienne, plutôt dans une *telenovela* brésilienne avec l'entrée en scène du jumeau du héros décédé.

Vladimir Poutine reste un conservateur, il garde ceux qu'il connaît sous le coude, surtout en temps de guerre.

Les conflits ne s'arrêtent pas sur le champ de bataille. En interne, une autre lutte de pouvoir agite l'état-major pendant la seconde moitié de l'année 2022. D'un côté Choïgou et Guérassimov, les anciens, de l'autre les requins aux dents longues, Ramzan Kadyrov et Evguéni Prigojine, qui critiquent ouvertement, dans un langage peu châtié, les stratégies officielles de l'état-major.

À n'en point douter tout cela se réglera un jour entre gentlemen, et le sang coulera.

La nomination par Poutine, le 9 octobre 2022, du général Sourovikine à la tête de l'opération ukrainienne semble alors un aveu supplémentaire de la baisse d'influence du duo Choïgou-Guérassimov au profit des deux psychopathes qui font du général Armageddon « leur » poulain.

Le 11 janvier 2023, les pendules sont remises à l'heure.

Sourovikine est rétrogradé, mais reste l'un des trois adjoints de Valéri Guérassimov, avec Oleg Salukov, commandant en chef de l'armée de terre, et Alexeï Kim, l'ancien chef d'état-major principal de l'armée de terre, promu au rang d'adjoint du chef d'état-major général.

Par cette décision pour le moins énigmatique, toute l'armée russe est convoquée en première ligne de ce conflit. La mobilisation partielle et la loi martiale graduée étaient les premiers signes de changement.

La guerre totale va-t-elle commencer ?

8

Politiques, diplomates et militaires n'y croyaient pas !

Le 24 février 2022, les bombes et les dépêches des agences de presse tombent, une guerre vient de commencer. Une bien étrange guerre, annoncée depuis des mois mais à laquelle personne, ou presque, ne croyait vraiment. Le renseignement américain avait déjà alerté qu'une potentielle attaque pourrait avoir lieu le 16 février. Rien ne s'était passé. On sait désormais que Vladimir Poutine avait pris la décision d'envahir l'Ukraine depuis plusieurs mois, mais que la date fatidique a été repoussée plusieurs fois.

Lors de sa conférence de presse annuelle, le 23 décembre 2021, en Machiavel réincarné qu'il pense être, Poutine déballe son double jeu habituel. Alors que plus de 100 000 soldats russes sont stationnés près de la frontière ukrainienne, il affirme être prêt à discuter avec ses « partenaires américains » en janvier, tout en rappelant qu'il a mis deux propositions sur la table pour pouvoir aborder des négociations sérieuses : pas d'Ukraine au sein de l'OTAN et arrêt de toute activité militaire occidentale à proximité des frontières russes.

« Ce n'est pas nous qui menaçons quiconque. Comment les États-Unis réagiraient-ils si l'on mettait des missiles à la frontière canadienne ? » Et de conclure sans la moindre ambiguïté : « Ils mentent tout le temps. »

Le seul à véritablement montrer les muscles face à Poutine, si étonnant que cela puisse paraître, est Joe Biden qui n'avait pas hésité à traiter le président russe de « tueur » en mars. Nous ne sommes pas dans la diplomatie de haut vol et Biden a ses « absences », mais cela a le mérite d'être clair.

L'Europe quant à elle ne semble pas vraiment prendre la mesure des menaces de Poutine. Pour nos partenaires allemands, d'énormes intérêts économiques, on pense au gazoduc Nord Stream, pèsent très lourd dans la balance... Il faut trouver une solution diplomatique et ne surtout pas renchérir dans les provocations. Et puis... il n'osera pas attaquer, il se retrouverait immédiatement au ban des nations, avec face à lui vingt puissances d'envergure tant militaire qu'économique.

Emmanuel Macron estime néanmoins que « le conflit demeure gelé » le 9 décembre après l'un de leurs nombreux entretiens téléphoniques, et ne manque pas de « réaffirm[er] notre attachement à la souveraineté ukrainienne et à son intégrité territoriale ». La situation est préoccupante mais la voie du dialogue est la seule possible. C'est certainement facile à dire avec le recul, j'en conviens, mais la pensée magique a bercé nos dirigeants pendant de trop longues semaines...

Quand, en août 2008, alors que la Géorgie était sur le point de trouver un accord avec l'OTAN, la Russie de Medvédev l'a attaquée, elle avait positionné des troupes près de la frontière depuis février, prétextant des manœuvres militaires.

Poutine répète les mêmes schémas : début 2021 il organise des manœuvres conjointes avec la Biélorussie. Réaction de Joe Biden, coup de pression sur Poutine, celui-ci retire ses troupes en signe de bonne volonté contre la promesse d'un sommet Russie-États-Unis à Genève. Nombreux furent alors les experts à juger cette attitude conciliante de Biden comme une victoire de Poutine.

Janvier 2022, la rencontre entre la numéro 2 du département d'État américain Wendy Sherman et son homologue russe Sergueï Ryabkov à Genève est un échec. La demande de cesser toute « activité » avec les pays entrés dans l'OTAN après 1997 n'a certainement pas facilité les négociations. La Pologne, la Roumanie ou les pays baltes n'étant pas particulièrement impatients de tomber dans la gueule du loup.

De leur côté, les militaires n'y croyaient pas pour des raisons évidentes d'impréparation manifeste et de logistique russe défaillante. Préparer une guerre, ce n'est pas simplement amasser des troupes à divers points stratégiques, c'est autrement plus complexe.

Vladimir Poutine jouait avec les nerfs des dirigeants européens et américains, en laissant planer la menace d'une invasion, mais sur le terrain les troupes souffraient. En pleine pandémie de Covid, évoluant et vivant dans des conditions d'hygiène déplorables, volant et se soûlant continuellement, la deuxième armée la plus puissante du monde fait piètre figure.

Et tous les seconds couteaux du Kremlin, Lavrov, le dur des Affaires étrangères, sa porte-parole, Maria

Zakharova, Peskov, le porte-parole chargé de la « com » de Poutine, d'y aller avec leur rengaine, la Russie ne va pas entrer en guerre, mais elle montre à l'Ouest qu'elle est prête au cas où.

Le 7 février 2022, Emmanuel Macron se rend à Moscou, il continue de ne pas croire à l'impensable. C'est la fameuse scène de la table blanche immense, l'image est cruelle, humiliante pour le président français.

« J'ai obtenu qu'il n'y ait pas de dégradation et d'escalade. Je ne pensais pas une seconde hier qu'il allait faire des gestes... Il [le président Poutine] m'a assuré de sa disponibilité à s'engager dans cette logique et de sa volonté de maintenir la stabilité et l'intégrité territoriale de l'Ukraine... »

Moi-même je ne croyais pas, du point de vue militaire, au type d'offensive que les Russes allaient lancer. Je dois ici rendre hommage à une personne, qui dès septembre 2021 m'avait affirmé que la guerre aurait bien lieu en février et que Poutine allait utiliser la menace nucléaire.

Le personnage se présente comme le « général SVR », avec lequel je travaille régulièrement sur sa chaîne YouTube (191 000 abonnés en février 2023 et un Telegram canal de 383 000 abonnés) et la mienne pour faire les analyses géopolitiques toutes les semaines. Son identité ne peut être divulguée pour des raisons évidentes.

Ce mystérieux personnage avait peut-être aussi relevé une récurrence troublante dans certains événements passés, un schéma.

Le 8 août 2008, pendant la cérémonie d'ouverture des Jeux olympiques d'été à Pékin, la Russie déclenche les hostilités avec la Géorgie via l'Ossétie du Sud.

En 2014, l'annexion de la Crimée est engagée au lendemain des Jeux olympiques d'hiver de Sotchi.

Le 4 février 2022, les Jeux olympiques d'hiver commencent à Pékin. Seuls quelque 24 chefs d'État et de gouvernement sur 193 assistent à la cérémonie d'ouverture, dont Vladimir Poutine. Pourtant il ne devrait pas être là car la Russie en tant que nation est bannie de ces jeux par le CIO, pour cause de dopage. Ses athlètes n'ont pas le droit d'arborer les couleurs russes, s'ils gagnent il n'y aura ni drapeau ni hymne nationaux. Poutine semble figé, minuscule, seul sous sa couverture, aucun dignitaire chinois n'est présent à ses côtés.

Le président Xi Jinping et lui se sont entretenus un petit peu avant.

On ne saura jamais ce qu'ils se sont dit exactement. Mais une chose est maintenant sûre, le président chinois ne connaît pas les intentions de Poutine envers l'Ukraine. Dix mois plus tard il limogera son ministre des Affaires étrangères Wang Yi qui était incapable de le prévenir et il en voudra à Poutine de l'avoir tenu dans l'ignorance en février 2022.

Mais Poutine savait quel enjeu capital représentaient ces JO pour Pékin. Il ne pouvait pas répéter la même mauvaise surprise qu'en 2008. Donc la règle est simple : pas d'attaque pendant la durée des Jeux. Si Poutine avait commis cette erreur, il perdait l'un de ses rares soutiens, et quel soutien.

Le président français aura bénéficié d'encore moins

d'attention de la part du président russe. Le 20 février 2022, à la veille du lancement des grandes hostilités, il s'entend dire par le maître du Kremlin que les pourparlers et la diplomatie vont continuer... Et Emmanuel Macron fait une annonce prometteuse d'une possible rencontre entre Poutine et Biden – quelle victoire pour la diplomatie française ! Le lendemain il est humilié publiquement quand Poutine proclame la reconnaissance de l'indépendance des « républiques » fantoches de Donestk et Louhansk.

Le tsar sanguinaire s'avère plus imprévisible que jamais.

9

Pourquoi ses services secrets ne lui ont rien dit…

« Ils ne s'attendaient à aucune résistance, quelqu'un devait leur ouvrir la porte. »

Un officier du SBU
au *Washington Post*,
19 septembre 2022

Pour être tout à fait honnête, je ne pensais pas que Vladimir Poutine attaquerait l'Ukraine comme il l'a fait, en usant de moyens dits conventionnels. Déployer des régiments d'infanterie sur un front de plus de 2 000 kilomètres en six directions différentes, des colonnes de chars, faire appel à l'aviation, l'« opération spéciale » telle que présentée par le Kremlin avait tout d'une guerre comme le XXe siècle en a trop bien connu.

Les Russes allaient « dénazifier » l'Ukraine en quelques jours, en appliquant la stratégie militaire d'Hitler, la *Blitzkrieg*, la « guerre éclair »… On connaît le résultat.

Comment un personnage tel que Poutine, qui avait la réputation d'être calculateur et pragmatique, a-t-il cru que cela fonctionnerait ? En vérité, il n'a jamais été pragmatique. Et surtout pas depuis le Covid où il s'est isolé et a perdu tout lien avec le monde réel.

Je pense que l'on étudiera longtemps cet épisode tragique comme un sommet de la *wishful thinking*, la « pensée magique ». Poutine désirait tellement s'emparer de l'Ukraine qu'il a cru aux promesses enchantées de succès.

Plus sérieusement, que s'est-il passé ?

Pour qu'une telle décision ait pu être prise, il aura fallu un certain nombre de signaux positifs et fiables allant dans ce sens. Qui est chargé de ce travail de collecte, d'analyse, de prospective ?

Ce sont les agences de renseignement et en premier lieu les services directement reliés au ministère de la Défense. En Russie, il s'agit de la GRU. Fort d'environ 30 000 hommes, il compte en son sein des unités « Spetsnaz », équivalent de nos forces spéciales françaises type 13e RDP. Leur emblème : une chauve-souris sur un globe terrestre.

Premier faux pas qui interpelle : ce n'est pas la GRU ni le SVR chargé du renseignement extérieur qui œuvrent alors en priorité afin de déterminer si la tactique militaire d'invasion serait la bonne option, mais le FSB. Le service de renseignement intérieur et de contre-espionnage. Imagine-t-on la DGSI être déployée dans un pays étranger afin d'évaluer les chances pour nos troupes de mener à bien leurs missions ? C'est pourtant ce qui s'est passé ici.

Mais que vient faire l'héritier direct de la police politique du KGB dans cette histoire militaire et géopolitique ? Cela ne semble pas logique de prime abord, mais peut être expliqué d'une certaine façon.

Le 5e service d'information opérationnelle et des relations internationales du FSB a été créé par Vladimir Poutine lui-même pour travailler exclusivement sur les anciennes républiques soviétiques. Le colonel-général Sergueï Besséda en est le chef en février 2022. Il est chaleureusement remercié quelques semaines plus tard. Tellement chaleureusement qu'il se retrouve pour quelques semaines dans ce qui était la prison du KGB.

Au sein de ce service au nom pompeux qui rappelle les grandes heures kafkaïennes de la bureaucratie soviétique, se trouve un mystérieux 9e département totalement consacré à l'Ukraine.

Entre le général Besséda et « l'ex-pays frère », c'est une vieille histoire. En 2013, alors que des manifestations pacifiques contre le gouvernement pro-russe du président Ianoukovitch éclataient, le général, présent sur place, aurait appelé à utiliser les armes contre les insurgés.

En 2019, 30 officiers du 9e département se consacraient à l'Ukraine, leur nombre atteint 160 quelques mois plus tard. Quelque chose se tramait déjà au Kremlin.

Leur rôle : surveiller, infiltrer, corrompre. Essaimés sur tout le territoire, forts de budgets conséquents, ils devaient recruter des sources et de potentielles « taupes » à tous les niveaux de la société ukrainienne, police locale, administration provinciale, unités militaires, partis politiques, médias.

La toile d'araignée patiemment tissée par le FSB devait remonter jusqu'au plus haut sommet de l'État ukrainien, la présidence rue Bankova. Le scénario type qui se dégage d'une telle opération est la déstabilisation d'un pays de l'intérieur. Actes de sabotage, mise en pratique de la guerre hybride, attaques informatiques ciblées pour neutraliser et/ou ralentir la réponse militaire de l'assiégé, neutralisation, c'est-à-dire assassinat de personnages clés, le tout mené de front avec une attaque conduite par des unités spéciales russes. Kiev devait tomber en quelques jours, et Zélensky devait être tué, capturé ou poussé à l'exil. Aussitôt remplacé par un gouvernement acquis à la Russie.

Des messages cryptés envoyés aux agents du FSB sur place, et interceptés quelques jours avant l'offensive, laissent à penser que le plan devait se dérouler sans accroc. On leur demandait de quitter Kiev, mais de laisser les clés de leurs appartements et autres planques à disposition pour leurs officiers traitants, venant bientôt de Russie. Le degré de confiance dans la réussite de leur mission semblait total.

Dans ces communications « piratées » par le SBU, un nom apparaît, celui d'Igor Kovalenko, officier supérieur du FSB. Principal pourvoyeur financier de politiciens et de membres corrompus du gouvernement ukrainien, il prend contact avec une source à Kiev. Il a prévu de venir dans un appartement de la banlieue de Kiev, Obolon, et s'enquiert de l'adresse. L'appartement est immédiatement placé sous surveillance mais Kovalenko ne s'y rendra jamais.

Le FSB avait déjà prévu la suite : deux gouvernements pro-russes étaient prêts, l'un basé en Biélorussie autour de l'ancien président ukrainien déchu

Viktor Ianoukovitch, impatient de reprendre son poste que le peuple lui avait enlevé en 2014 par la révolution Euromaïdan – une claque politique à Poutine que celui-ci n'a jamais digérée. L'autre, un plan B, regroupait d'anciens membres de son entourage politique.

Ianoukovitch se fend même d'une lettre ouverte à Zélensky dans les jours qui suivent l'invasion, faisant appel à « son devoir pour stopper le bain de sang afin qu'il trouve un accord de paix à n'importe quel prix ».

Il y a aussi la carte Viktor Medvedtchouk. Dirigeant du parti d'opposition ukrainien Pour la vie, sa fille a pour parrain Vladimir Poutine lui-même. Placé en résidence surveillée en mai 2021 pour avoir financé les troupes séparatistes de Donestk et de Louhansk, il s'échappe fin février 2022, est recapturé en avril. Il est finalement échangé contre des soldats ukrainiens détenus par les Russes en septembre 2022.

Tout était prêt. Vladimir Poutine, ancien du KGB, profondément lié au FSB, où il place ses hommes de confiance depuis ses premiers pas de président, était-il animé de la même confiance absolue ?

Nous sommes en droit de le penser.

Cet excès de confiance lui a été fatal. Le 5e service du général Besséda menait Poutine en bateau depuis des années. Les milliards prévus pour corrompre les Ukrainiens étaient partagés par les officiers du FSB qui servaient à Poutine sur un plateau non pas les vraies informations mais celles qu'il voulait entendre.

L'escalade

L'ex du KGB est tombé dans son propre piège : en éliminant tout média indépendant et toute approche critique de sa politique, il a enfermé son régime sous une coupole étanche de la désinformation.

10

Tuer le messager

Sur le terrain, la réalité était pourtant tout autre.

Deux sondages sur la Russie et ses visées menés par la société Research & Branding au printemps 2021 auprès de la population ukrainienne étaient sans appel : un président russe largement impopulaire, 84 % des sondés considéraient une éventuelle action militaire russe sur leur territoire comme une « invasion » et seulement 2 % comme une « libération ». À la question : « Êtes-vous prêts à défendre votre pays en cas d'agression ? », ils étaient 48 % à répondre oui.

L'aveuglement et la lâcheté des services de renseignement russes étaient de fait totaux, ils ne voulaient pas dire la vérité à leur chef. Pour ne pas déplaire, ou pour éviter de subir les conséquences fâcheuses qui auraient pu advenir.

Durant l'époque soviétique, la vie entière de la société était fondée sur le mensonge. Les faiblesses du régime étaient cachées et les rares réussites mises en avant de façon outrancière. Il fallait mentir, mais c'était pour le bien des gens : évidemment, notre système était le meilleur, il méritait donc quelques arrangements avec le réel.

Qui racontait ce qui se passait vraiment dans le pays, prenait le pouls de la société, scrutait les dissonances, et produisait un diagnostic précis auprès du Bureau politique ? Le KGB. Voilà le paradoxe ! Le bras armé du Parti donnait ainsi les clés de la propagande à modifier, améliorer. Le mensonge général devait sans cesse être mis à jour comme un logiciel rempli de bugs. Puis, peu à peu, la réalité du terrain fut adoucie, travestie. On se rappelait peut-être que du temps de l'Empire romain les mauvaises nouvelles annoncées valaient la mort à celui qui s'en était fait le messager.

La seule horloge, le KGB, qui donnait l'heure exacte s'est ainsi mise à dysfonctionner. Ses généraux voulaient les belles voitures et les datchas, comme tout le monde, et on ne les octroyait qu'à ceux qui apportaient les bonnes nouvelles ! À défaut d'en avoir, il fallait les inventer pour faire carrière.

Vladimir Poutine connaissait tout cela parfaitement. Il a été un officier zélé qui a, toute sa vie, assisté à des falsifications de la réalité. Si on y ajoute sa légère paranoïa, il aurait dû se méfier.

Et pourtant, le général Besséda en charge du 5e service, Alexandre Bortnikov, le directeur du FSB, et quelques autres lui ont servi un récit totalement faux. À moins que tous n'aient cru sincèrement que les soldats russes allaient être accueillis avec des fleurs et des chants à Kiev. Ou qu'ils s'empareraient du pays comme ils l'avaient fait avec la Crimée en 2014, en quarante-huit heures et sans quasiment tirer de coups de feu.

Face au fiasco du FSB et à la disparition de milliards

de roubles qui devaient être utilisés pour gagner les « cœurs » des officiels ukrainiens, Besséda allait être le fusible. Il est envoyé à la prison de Lefortovo, qui a remplacé celle de la Loubianka, là où Staline faisait exécuter régulièrement ses proches tombés en disgrâce.

De son côté, le renseignement militaire, la GRU, dont la raison d'être est de faire la guerre, a peut-être joué la carte de l'OTAN aux portes de la Russie. Ce qui est en partie vrai. Deux milliards et demi de dollars alloués à la formation de l'armée ukrainienne par les Américains avait de quoi aiguiser les appétits belliqueux de tous ces généraux aux nombreuses étoiles bien visibles ! Dans leur logique il fallait agir vite, avant que cet ancien « pays frère » l'Ukraine se sente assez fort pour mener un conflit de grande envergure.

Cependant quelques indices me laissent penser que l'état-major général des forces armées russes était réticent à une telle opération. En premier lieu la déclaration publique du général à la retraite Léonid Ivachov le 31 janvier 2022 qui enjoignait à la Russie de ne pas entrer en guerre, au risque d'être détruite.

Le courage de ce militaire de haut rang tendait à prouver que la situation était grave.

Les membres du haut état-major n'étaient pas prêts, et ils le savaient.

Les autres services de renseignement étaient-ils plus lucides ?

11

Et les Occidentaux, que savaient-ils ?

Il est toujours très facile de juger a posteriori qui s'est « trompé », qui avait raison. Le renseignement est un domaine complexe, entre l'analyse des données, les échanges d'informations avec les autres services, les stratégies, puis l'interprétation. Et en dernier lieu, c'est le politique qui prend les décisions. Anticiper, penser à la place de son adversaire, quoi de plus difficile ?

Un exemple parlant. Thierry Burkhard, alors chef d'état-major de l'armée de terre française, a déclaré en mars 2021 : « Les Américains estiment que les Russes vont attaquer [l'Ukraine], nos services estiment que le coût serait monstrueux et que les Russes ont d'autres options. » Tout cela était logique. Dans la logique des militaires en tout cas.

L'Histoire a prouvé que le coût humain de cette guerre est monstrueux, mais nous n'avons pas imaginé quel prix Poutine était prêt à payer, ou à faire payer aux autres pour mener sa croisade.

Toujours en France, que pensait-on donc des risques de guerre ? La DRM, la Direction du renseignement militaire sous le commandement du général Éric Vidaud, ne croyait pas, non plus, à une invasion russe. Toujours la logique militaire. Le général sera remercié six mois plus tard. On ne lui demandait pas d'être dans la logique française mais de prévoir la logique poutinienne.

Pour les Anglais, les informations dont ils disposaient les poussaient à croire à une invasion possible et à l'installation d'un gouvernement pro-russe. Le non-retrait des troupes russes, environ 80 000 hommes, suite à l'exercice Zapad 21 avec la Biélorussie, en septembre 2021, était, selon eux, un indice sérieux.

Le renseignement extérieur estonien, Välisluureamet, affirme dans son rapport annuel que les forces militaires russes étaient prêtes à une opération de grande ampleur contre l'Ukraine à la mi-février 2022.

Les Allemands doutaient fort d'une attaque, à tel point que Bruno Kahl, le chef du service fédéral du renseignement, était en mission à Kiev le premier jour de la guerre ! Il fut exfiltré très rapidement en voiture via la Pologne.

Quant aux Américains ils étaient persuadés que la guerre était imminente. Le 12 janvier 2022, William J. Burns, directeur de la CIA, remit un rapport détaillé des plans russes au président Zélensky. Après la réunion, celui-ci se retrouva avec le chef du renseignement ukrainien : leurs informations ne convergeaient pas. Ils pensaient que Poutine utiliserait des missiles et des troupes d'élite, les Spetsnaz.

Au début du mois de février 2022, des officiers du SZRU, le renseignement extérieur ukrainien, furent envoyés en Russie pour surveiller les unités militaires. Une unité se rendit dans un village où étaient stationnés plusieurs dizaines de chars. Très peu de gardes pour surveiller, aucune équipe de mécaniciens ou de pilotes en vue. Une autre unité fit état d'un convoi militaire en quasi-état d'anarchie : les soldats totalement ivres revendaient l'essence de leurs camions pour se procurer de la vodka.

En fait, tout annonçait un désastre imminent.

12

FSB-SBU, les frères ennemis

Depuis le commencement de la guerre, une autre bataille se livre dans l'ombre : la chasse aux traîtres du FSB (service fédéral de sécurité russe) et du SBU (service de sécurité ukrainien), les deux étant les descendants directs du KGB soviétique. Beaucoup des hommes qui occupent des postes de responsabilité au sein de ces structures se connaissent, ils ont fait leurs études ensemble, certains ont combattu en Afghanistan côte à côte.

Le SBU emploie 30 000 hommes, soit sept fois plus que le MI5 anglais, et quasiment autant que le FBI. Il ne s'occupe pas uniquement de renseignement, mais aussi de lutte contre la corruption et de criminalité financière. Durant les années précédentes, certains de ses officiers ont été impliqués dans des affaires criminelles. Zélensky commence à faire le ménage dès son arrivée au pouvoir, mais peut-être pas assez.

À partir de la fin février 2021, comme dans un roman de John le Carré, la paranoïa s'est installée dans les têtes. Qui croire ? Qui sera loyal ? Qui trahira ?

Déjà, lors de l'annexion de la Crimée en 2014, plusieurs officiers du SBU avaient ouvertement rejoint les services russes, mais un certain nombre d'entre eux étaient suspectés d'être des agents doubles.

Le plus connu d'entre eux : Oleg Kulinich.

Ancien chef du SBU pour la Crimée, il est actuellement emprisonné par les autorités ukrainiennes et accusé de hautes trahisons. Les enquêteurs ont découvert que, dès 2019, Kulinich aurait récolté des informations sur les officiers et les agents du SBU afin de déterminer lesquels pourraient être « retournés ».

Il est soupçonné d'avoir appartenu à une cellule dormante, directement rattachée au 9e département du 5e service du FSB et d'avoir opéré sous l'autorité d'une personnalité, Vladimir Sivkovich, ancien secrétaire adjoint du Conseil de sécurité nationale ukrainien, et dans le collimateur du Trésor américain pour être un agent d'influence russe, ce que l'intéressé conteste.

Dès l'origine, des ratés et des sabotages apparaissent.

La nuit du 24 février 2022, quelques heures avant l'invasion russe, Kulinich reçoit des messages cryptés l'informant de l'imminence de l'attaque. Il ne les transmet pas à son chef à Kiev, ralentissant ainsi une éventuelle réponse militaire ukrainienne.

À Kherson, c'est le chef du SBU local, Serhiy Kryvoruchko, qui est mis aux arrêts pour avoir ordonné à ses subordonnés d'abandonner leurs postes à l'approche des troupes russes. Son adjoint, en charge du contre-espionnage, le colonel Ihor Sadokhin, aurait fourni aux soldats russes les emplacements des mines sur leur trajet. Autant de défaillances qui ont permis la prise rapide de la ville.

À Tchernihiv, un officier du SBU met le feu au bâtiment qui abrite ses services, sans raison.

Un autre haut gradé du contre-espionnage ukrainien, Andriy Naumov, est soupçonné d'avoir travaillé avec le 5e service du FSB. Oleg Kulinich aurait usé de tout son pouvoir pour qu'il devienne le chef de ce service.

Naumov disparaît dans la nature la veille de l'offensive russe, et réapparaît le 7 juin 2022 à la frontière entre la Serbie et la Macédoine où les gardes-frontières serbes l'arrêtent. Il détient 600 000 euros et 100 000 dollars… en cash. Il aurait fourni nombre de documents aux Russes, notamment concernant la zone de la centrale nucléaire de Tchernobyl. Les nombreuses demandes d'extradition depuis la Serbie, où il est emprisonné, vers l'Ukraine sont restées lettre morte jusqu'à présent.

Qui a placé Oleg Kulinich à un poste aussi élevé ? Ivan Bakanov, le chef du SBU, et ami d'enfance du président Zélensky. Cet ancien producteur de télévision, sans aucune compétence dans le domaine du renseignement, est démis de ses fonctions le 17 juillet 2022. Il est sous le coup d'une enquête pour établir ses responsabilités dans la nomination de Kulinich. Dans la foulée, plus de 28 officiers du contre-espionnage sont eux aussi remerciés.

« Avec tout l'amour que j'ai pour l'Ukraine, nous ne sommes pas exempts de péchés », a concédé un jour Volodymyr Zélensky.

Lorsque les anciennes républiques baltes ont retrouvé leur indépendance, elles ont remis les compteurs à zéro. Tous les services de sécurité ont été renouvelés entièrement. Peut-être Zélensky, après l'invasion de la Crimée, aurait-il dû s'en inspirer.

La clé de compréhension de l'erreur de Poutine – et du FSB – tient peut-être dans le changement radical qui s'est opéré en Ukraine en quelques jours. Le pays était instable, les affaires de corruption et de détournement de fonds s'enchaînaient. Dans l'enquête sur les Pandora Papers, de nombreuses personnalités ukrainiennes sont directement citées, dont Zélensky et son entourage.

Alors que le niveau de vie des gens du peuple était faible, le contexte était périlleux : un président tout juste élu, et des institutions infiltrées par les Russes. Sur le papier, la stratégie du Kremlin aurait dû marcher. Mais quelque chose de plus profond s'est révélé au moment de l'invasion, un fort sentiment patriotique qui a transformé de simples citoyens en guerriers déterminés. La CIA avait elle-même sous-estimé la résistance ukrainienne, raison pour laquelle les États-Unis tardèrent à leur fournir des armes.

Ironie de l'histoire, le président Zélensky n'a pas fui ! Il est resté à Kiev, dans un bunker souterrain aux allures de labyrinthe, construit sous l'ère soviétique et où les officiers du KGB devaient opérer...

Double ironie tragique, dans la ville de Kherson, au sud du pays, occupée par l'armée russe, le maire Igor Kolykhaïev, qui refusait de collaborer, est arrêté et remplacé par Oleksandr Kobets, un ancien du

KGB, tandis que des hommes sans uniforme enlèvent et torturent des opposants au régime de Poutine. La marque du FSB.

L'Ukraine, terre de contrastes !

13

Propagandes, infiltrations et cyberattaques

Cette guerre obéit, paraît-il, à quelques principes : cela s'appelle la « doctrine » Guérassimov. Qu'est-ce donc ?

Et que vient donc faire dans ce contexte un général russe avec quelques kilomètres au compteur ? Valéri Guérassimov ressemblerait davantage à un méchant communiste comme ceux des films américains que les années Reagan produisaient à la chaîne.

Tout commence en 2013, dans une revue militaire spécialisée. Un court texte écrit par Valéri Guérassimov énonce ce que sera, selon lui, la guerre du futur.

Fake news assénées à longueur de journée sur les réseaux sociaux, lavage de cerveau permanent, attentats sous faux drapeau, corruption ou chantage sur des employés gouvernementaux, attaques informatiques sur des cibles stratégiques… Bienvenue dans la guerre du troisième millénaire ! C'est à la fois vrai, et pas tout à fait exact. La tromperie, la dissimulation, la manipulation existent depuis toujours. Comment appelle-t-on un virus informatique dissimulé dans un mail en apparence anodin ? Un cheval de Troie. La technologie permet d'affiner, les missiles sont beaucoup plus précis, rapides, les puissances de calcul deviennent vertigineuses. Et l'on parle déjà de soldats « augmentés » et de robots tueurs.

Bref, un champ de bataille global, où la technologie informatique et les opérations de déstabilisation seront les nouvelles armes, aux côtés des chars, de l'infanterie et des avions de chasse.

Il fallait oser, c'est assez percutant comme concept.

Cela dit, je parlerai plutôt d'un concept opérationnel, ou d'une stratégie militaire pour implanter la doctrine Primakov qui est la véritable ligne directrice de la politique étrangère russe : lutter par tous les moyens contre « un monde unipolaire dominé par les États-Unis » et contre les velléités d'expansion de l'OTAN. Pour ce faire, il faut que la Russie s'allie avec d'autres grandes puissances, la Chine, l'Inde, afin de contrebalancer les rapports de force mondiaux. Car l'autre volet de cette doctrine, on le doit à Ievguéni Primakov, un ancien directeur du SVR, ex-ministre des Affaires étrangères et ex-Premier ministre qui a failli devenir président à la place de Poutine. Dans cet espace post-soviétique, la Russie doit absolument garder cette sphère d'influence. Ce qui arrive en Ukraine était décidément écrit depuis fort longtemps.

Mais dans la réalité, a-t-on eu droit à une guerre hybride à base d'attaques informatiques massives en Ukraine ?

Pas vraiment, et cela reste un mystère pour moi.

Il y a eu des tentatives, en novembre 2021. Des hackers ont réussi à cloner les sites Internet de la présidence et du ministère de la Justice. Un bandeau

« Supportez le président » apparaissait, agrémenté d'une fausse annonce selon laquelle il allait confisquer les biens des oligarques.

La personne clique et télécharge un malware qui infecte son ordinateur. Sans qu'elle le sache, celui-ci infectera à son tour d'autres ordinateurs. Le but est clair : semer le trouble dans la population et tenter de paralyser le réseau Internet, en bombardant les sites de fausses informations, le moment venu.

Quelques jours avant l'invasion, la plupart des sites gouvernementaux, y compris les services de sécurité, sont attaqués.

Fort heureusement, les Ukrainiens réussissent à neutraliser ces agressions. Ils peuvent compter sur « leurs » propres hackers, mais aussi sur les spécialistes de chez Microsoft, ou encore sur l'unité de cyberdéfense de l'OTAN basée à Tallinn.

Le 24 février 2022, c'est le tour de Viasat, une entreprise américaine de télécom, utilisée par le commandement ukrainien, résultat : plus de connexion Internet.

Il faut rappeler qu'en décembre 2015 200 000 Ukrainiens se retrouvent sans électricité suite à l'attaque d'infrastructures énergétiques. Les hackers réussissent à prendre la main sur les mots de passe, les logiciels, les claviers, tout cela sans laisser aucune trace sur les disques des ordinateurs ciblés. Du grand art. L'année précédente, ce sont les systèmes de commande de missiles qui sont visés grâce à une version vérolée d'Androïd.

Durant l'élection présidentielle de mai 2014, le candidat d'extrême droite, Dmytro Yaroch, est annoncé, à tort, comme le grand vainqueur sur les sites gouvernementaux pendant quelques heures. La rhétorique sur l'Ukraine supposée nazie est déjà à l'œuvre.

L'Ukraine n'est pas leur seul terrain de jeu, l'Angleterre en pleine campagne pour le Brexit, le département d'État des États-Unis, la Corée du Sud pendant les Jeux olympiques de 2018, la Commission européenne, des ONG, des médias… la liste est longue, très longue.

Nous ne sommes pas face à des adolescents surdoués enfermés dans leur chambre qui s'amusent à infiltrer des agences gouvernementales via leur PC surboosté.

En effet, les attaques sont raffinées, et visent des APT (*advanced persistent threat*, « cyberattaque ciblée et continue »), des cibles minutieusement choisies pour des opérations à long terme. Ces attaques sont le fruit de l'ingénierie sociale et de connaissances techniques ultra-pointues : on retrouve tous les gros bras du FSB, de la GRU, du SVR et même du FSO, qui gère la sécurité des communications intra-services.

Ainsi fonctionne le monde opaque de l'« opération spéciale »…

La GRU est le service qui possède la plus grande capacité opérationnelle dans le domaine, même s'il est aussi actif dans d'autres sphères, à l'image de son unité d'élite 29155, spécialisée dans le sabotage et le « nettoyage » – des tueurs, impliqués dans l'affaire Skripal par exemple.

Les noms changent, selon les modes et pour rendre leur chasse plus difficile. L'APT 28 ou Fancy Bear est la principale « agence » de hacking de la GRU. L'un de leurs analystes, Dmitri Badine, alias Scaramouche, est accusé d'avoir infiltré les ordinateurs du Bundestag, le Parlement allemand, jusqu'aux mails de la chancelière Angela Merkel en 2015 – ce qu'il dément, sans réussir à convaincre. On trouve aussi les *ghostwriters* spécialisés dans les *fake news* et la désinformation. Ils sévissent sur les réseaux sociaux. Photos truquées de personnages politiques, messages conspirationnistes sur les origines du Covid, tout est bon pour semer le doute.

Le FSB et le SVR ne sont pas en reste, Turla ou Snake, APT 29 ou Berserk Bear. On leur doit les attaques sur la Maison-Blanche, le département d'État américain ou encore le comité national du Parti démocrate en 2014. Ils se servent d'une faille du logiciel Acrobat Reader, et envoient des PDF en pièces jointes, ou des vidéos humoristiques que les gens peuvent partager. La messagerie de Yahoo en fait aussi les frais : ce sont plus de 500 millions de comptes qui sont hackés entre 2014 et 2016.

Leur expertise : le vol d'informations tous azimuts, le commerce, l'énergie, le nucléaire, la finance…

Même l'Amérique est touchée : le ministère de la Justice américain inculpe quatre individus responsables d'avoir piraté des infrastructures liées au secteur de l'énergie, dans plus de 135 pays.

L'un d'eux, Evguéni Gladkikh, est accusé d'avoir créé un logiciel utilisé sur les systèmes de sécurité des raffineries pétrochimiques. Le « triton » laisse « croire » que tout fonctionne, reste en sommeil pendant plusieurs années puis peut être activé pour causer d'énormes dégâts.

Ces personnages sympathiques auraient fait leurs classes au sein d'un institut au nom imprononçable, le « TSNISKHM », un centre de recherche gouvernemental dédié au développement d'armes dans les domaines spatiaux et cyber.

Les Russes ne sont pas les seuls à utiliser ces nouvelles armes. Des hackers ukrainiens nommés Cyberhunter avaient mis au jour les liens entre un parti politique ukrainien, Borotba, et les services de renseignement russes en 2016. Et lorsque l'on commence à creuser…

Ce même Borotba entretenait de très bonnes relations avec le porte-parole du parti allemand Die Linke, Andrej Hunko, qui s'était opposé aux sanctions infligées à la Russie à la suite de l'affaire du piratage du Bundestag.

Mais qui sont ces hackers ?

Des petits génies de l'informatique, certes, mus par un patriotisme effervescent, sûrement. On trouve aussi des personnages plus troubles, mais qui entre de bonnes mains servent des intérêts qui les dépassent. Deux d'entre eux sont parmi les hommes les plus recherchés du monde.

Jan Marsalek a disparu dans la nature le 19 juin 2020. Auparavant il dirigeait la branche Asie d'une société *fintech*, autrement dit de la finance 2.0.

Au moment où il s'apprête à se transformer en fantôme, ses employeurs s'aperçoivent qu'il manque 2 milliards dans les caisses. Lors de l'enquête qui suit on apprend qu'il s'était rendu en Libye pour un projet humanitaire, en Syrie pour visiter Palmyre, et en Russie. Un homme curieux, qui aime voyager dans des endroits improbables. La Russie devait l'avoir particulièrement fasciné, puisqu'il y fait plus de soixante séjours en dix ans, dont certains le temps d'une journée. Ce n'est pas tout, il possédait six passeports.

Lors d'un échange de messages avec un collègue qui s'inquiétait pour lui, Marsalek le rassure : « Ne t'inquiète pas, ici les mêmes personnes sont au pouvoir depuis vingt-cinq ans. » Nul doute qu'il doit faire bénéficier APT 28 ou encore Berserk Bear de son savoir-faire.

Et puis, il y a un étrange personnage, Evguéni Bogachev.

Si jamais vous l'apercevez, n'hésitez pas, 3 millions de dollars vous seront offerts par le FBI. Le crâne rasé, des yeux perçants, une vraie tête de méchant, considéré comme l'un des hackers les plus dangereux par la Maison-Blanche : Fantomas, Slavik ou encore Lucky 12345 est un génie de l'informatique qui aurait détourné environ 100 millions de dollars grâce à ses dons.

En mai 2014, il est repéré en Ukraine, la police saisit des ordinateurs dans divers appartements, mais au moment de l'arrêter alors qu'il se trouve au bord de la mer Noire avec sa famille et ses gardes du corps... disparu, envolé.

Les logiciels qu'il a créés ont permis de voler des informations classifiées aux services secrets ukrainiens, géorgiens et turcs en 2013 et 2014, portant sur l'attaque ultérieure contre la centrale électrique ukrainienne. On retrouve aussi sa trace dans les attaques contre le Bundestag, TV5 monde, l'agence mondiale antidopage ou encore l'enquête sur l'accident aérien du vol MH17.

Tout laisse à penser que les services russes l'ont exfiltré et ramené à la maison mère. Un tel savoir-faire n'a pas de prix, je ne doute pas un instant que mes anciens camarades du FSB lui aient fait une offre qu'il ne pouvait refuser.

Comment expliquer alors que l'Ukraine n'ait pas été submergée d'attaques informatiques, sur ses hôpitaux, ses centrales électriques, ses réseaux de communication ?

On sait que Vladimir Poutine n'est pas un fervent amateur de nouvelles technologies, mais tout de même. A-t-il hésité et préféré une guerre plus classique ? Mystère...

La propagande, au contraire, ça, il connaît.

Russia Today et Sputnik diffusent dans le monde entier et, à l'instar d'Al Jazeera au Proche-Orient, ont un agenda précis : défendre la politique du Kremlin. Mais les Européens ont réagi très vite et interdit à ces chaînes d'émettre sur leurs territoires.

À l'intérieur de la Russie toutefois, c'est open bar.

Des talk-shows quotidiens sur la première chaîne avec les têtes de gondole Vladimir Soloviev et Olga Skabeïeva. Les tontons flingueurs de Poutine en roue libre tous les soirs devant des millions de spectateurs.

L'Occident, les homosexuels, l'OTAN, les nazis en Ukraine, toute la litanie habituelle, et pleine de nuances, du Kremlin.

Nombre d'entre eux partagent aussi une bien étrange obsession pour la bombe atomique.

L'oligarque Soloviev qui s'est fait confisquer ses villas en Italie voudra peut-être que l'on épargne Rome ? Ou encore Londres, où son fils Daniil est un mannequin très efféminé, androgyne – un pur produit de « l'Occident décadent ».

C'est bizarre, de voir à quel point ces « patriotes » russes aiment finalement placer leur argent en famille dans le camp adverse !

Sur le continent africain, la propagande russe prend une forme un peu différente. Des dessins animés, où le sentiment antifrançais est exacerbé. Dans l'un d'eux, un fier soldat malien tire sur des soldats français à l'apparence de squelettes, des zombies, un soldat arborant l'emblème de Wagner atterrit en parachute et aide son frère africain contre un énorme cobra... Dans l'autre, un vieil Africain subit les assauts répétés d'un rat qui grossit à vue d'œil, le rat Emmanuel... mais heureusement un soldat de Wagner vient écrabouiller le vil animal à l'aide d'une masse sortie d'un étui à violon. Peut-on descendre encore plus bas ?

Plus que la haine contre les Français, cela en raconte davantage sur la vision qu'ont les officiels russes des populations africaines. Qui aime les dessins animés ? Les enfants...

Dans ce contexte, la guerre hybride pensée par le général Guérassimov peut revêtir des habits bien rances. Sur le front en Ukraine, on assiste justement à une hécatombe des généraux. Ceux qui restent font le siège des bureaux de l'état-major russe.

Pour quels résultats, au fait ?

14

La valse des généraux

Mais où était le chef d'orchestre ce 24 février 2022 ?

La guerre est lancée, mais nul ne sait qui est responsable de la coordination des opérations militaires !

Pas de général officiellement en charge, 180 000 hommes mal préparés, mal positionnés, quatre fronts étirés sur plus de 2 000 kilomètres, avec à leur tête un état-major de quasi-retraités cacochymes décorés comme des sapins de Noël.

C'est la cruelle et pathétique réalité d'une institution qui n'aura, ces quarante dernières années, combattu que des adversaires plus faibles. En Afghanistan, en Tchétchénie, en Syrie. En ce qui concerne le premier pays, les Russes y ont connu leur guerre du Vietnam face à des groupes de combattants certes déterminés mais que l'on ne peut pas qualifier d'armée à proprement parler. C'est d'ailleurs une constante pour ces trois opérations militaires. Pour la Tchétchénie, les Russes s'y sont pris à deux fois, en rasant quasiment le pays, et en y installant finalement un pantin qui se révèle chaque jour un peu plus dangereux : Ramzan Kadyrov. Et ce jeune guignol barbu apparaît comme le grand vainqueur de la Russie de Poutine qui lui paie chaque année un tribut de 1,5 milliard de dollars, lui laisse une quasi-indépendance et la liberté d'instaurer un califat islamiste avec la charia à la place des lois russes.

En Syrie, même combat. En prétendant vouloir lutter contre l'État islamique, les Russes ont plus largement massacré les opposants à Bachar el-Assad et des milliers de civils. Des moyens disproportionnés, missiles balistiques, gros porteurs, artillerie lourde contre des groupes armés de M16, RPG et pick-up japonais.

C'est là, en Syrie, que se sont illustrés le général Alexandre Dvornikov, dit « le boucher d'Alep », et – toujours lui ! – Sergueï Sourovikine, dit « le général Armageddon ».

Leurs cibles principales : hôpitaux, écoles, civils faisant la queue pour acheter du pain. Mais pourquoi Alep et pas Idlib où se trouvaient les combattants de l'État islamique et de Jabhat Al-Nosra ? Étrange, non ?

Instaurer la terreur, faire le plus de dégâts possible, écraser la rébellion, tout cela mérite bien une médaille. Dvornikov est donc élevé à la dignité de Héros de la Fédération de Russie.

Des « héros » de guerre, décorés en tant que tels, pour avoir visé délibérément les populations civiles, voilà la réalité de la doctrine militaire russe.

On ne sait donc pas très bien qui fait quoi en Ukraine au début de la guerre. Poutine montre-t-il ainsi le peu de confiance qu'il a dans ses généraux ?

C'est du jamais-vu dans l'histoire des conflits militaires.

Les services de renseignement ukrainiens estiment à une dizaine le nombre de généraux qui auraient été limogés et/ou mutés en deux mois. Le jeu des chaises musicales a commencé très tôt.

Il semblerait qu'Alexandre Dvornikov ait été le premier gradé en charge des opérations, plus ou moins officiellement, à partir du mois d'avril 2022.

Ce haut responsable a un faible prononcé pour tout ce qui est à forte teneur en alcool. Déjà en Syrie, il est remarqué par ses subordonnés pour son manque de professionnalisme. L'un d'eux, sous couvert de l'anonymat, raconte qu'une nuit, complètement ivre, il ordonne à une unité d'attaquer une cible, sans raison ni logique. « Il donnait des ordres ridicules », ajoute l'officier.

Il bénéficie d'une impunité totale, les bombardiers et autres avions de combat ont le ciel syrien entièrement à leur merci, leurs ennemis n'ont quasiment aucune défense antiaérienne à leur opposer. Ironie du sort, ou karma, la plupart de ces « valeureux » pilotes ont depuis été abattus en Ukraine.

En le nommant en Ukraine, Poutine espérait certainement que Dvornikov ferait la même chose qu'en Syrie. Le problème ? Les Ukrainiens disposent de moyens de défense suffisants, et derrière les lignes ennemies, le premier responsable russe ne peut pas faire appel aux mercenaires de Wagner, ni aux combattants du Hezbollah comme il l'avait fait auparavant.

Le vendredi 8 avril 2022, une frappe russe sur la gare de Kramatorsk, dans l'est du pays, fait 50 morts et 300 blessés. Le général Dvornikov devra répondre de ses actes devant la Cour pénale internationale de

La Haye, si d'ici là il ne tombe pas de son balcon ou ne fait pas un malaise cardiaque foudroyant.

Remercié par Poutine, il disparaît soudainement du paysage médiatique pendant deux semaines. Puis il réapparaît, comme par enchantement.

Le général Guennadi Jidko semble être son remplaçant : il apparaît au mois de juin aux côtés du ministre de la Défense Choïgou lors d'une visite de celui-ci dans les territoires occupés en Ukraine.

Le même mois, la valse reprend sur un rythme un peu plus dynamique.

Vassili Koukouchkine, général de division de police de la région de Vladimir, Alexandre Laas, chef adjoint du département principal du ministère de l'Intérieur pour la région Altaï, Andrey Lipilin, général de division, chef du département du ministère de l'intérieur pour la région de Iaroslavl, et Alexandre Oudovenko, général de division, chef du département opérationnel du ministère de l'Intérieur, doivent quitter leur poste. D'autres vont suivre : Youri Instrankine, général de division et chef adjoint du département de logistique et de soutien médical du ministère de l'Intérieur, Emil Moussine, premier chef adjoint du centre médico-légal du ministère de l'Intérieur, tous sont démis de leurs fonctions.

Cuisine interne ? Sûrement, mais leur éviction fait suite à celles du lieutenant général Sergueï Kissel, commandant de la 1re armée de chars de la garde, pour ne pas avoir pris Kharkiv, et à celle du vice-amiral Igor Ossipov, commandant de la flotte russe en mer

Noire après le naufrage du croiseur lance-missiles *Moskva* suite à un tir ukrainien le 14 avril 2022.

Le général Jidko semble avoir fait un petit tour et s'en est allé, remplacé par Alexandre Lapine. Mais nul n'est dupe, ce serait Vladimir Poutine en personne qui dirigerait les opérations militaires sur le terrain.

Le colonel-général Lapine dirigeait le district militaire central de Russie jusque-là. Clone de ses prédécesseurs, il a fait le sale boulot en Syrie et, suite à l'encerclement et à la prise des villes de Siéviérodonetsk et Lyssytchansk en juillet, dans la région de Louhansk, il est décoré des mains de Poutine en personne.

Les mauvaises langues racontent que le général ne se serait jamais approché de la ligne de front à moins de 30 kilomètres. On lui reproche également d'avoir personnellement décoré son propre fils, le colonel Denis Lapine, après… la retraite héroïque de Tchernihiv.

Un *mobyk* – comme on appelle désormais ces Russes mobilisés et envoyés sur le front, sans formation au combat et avec un équipement maigrelet qui en font des morts en sursis – raconte. Il est sur le front à Louhansk, son unité subit des pertes énormes. Sans réel commandement, les soldats encore en vie, livrés à eux-mêmes, battent en retraite pour rejoindre le centre de commandement. Ils marchent le long d'une route lorsqu'un convoi de véhicules les croise, Lapine et son service de sécurité. Lorsqu'il apprend la raison de leur fuite, celui-ci sort son arme et la place sur la tempe d'un soldat : « Vous y retournez ! » Un vrai leader…

En coulisse, ses faits d'armes commencent déjà à être critiqués, puis en octobre, après le retrait des troupes russes de Lyman, dans l'oblast de Donetsk, c'est la bérézina. Les chiens de guerre de Poutine, Kadyrov et Prigojine, remettent officiellement en cause ses compétences stratégiques.

« Si cela ne tenait qu'à moi, je rétrograderais Lapine au rang de simple soldat, je lui retirerais ses récompenses et je l'enverrais au front laver sa honte avec une mitraillette », écrit l'émir de Tchétchénie sur son compte Telegram. On ne parle pas ici d'un commentateur d'une chaîne de télé, mais bien d'un allié du Kremlin – le pantin Kadyrov – qui désavoue un haut gradé, du grand n'importe quoi.

Lapine semble sauter. Il sera pourtant nommé en janvier 2023 nouveau chef d'état-major principal de l'armée de terre, une belle revanche pour un incapable !

Arrive alors un autre « cador », le fameux général Sourovikine. Avec les résultats que l'on connaît.

Samedi 31 décembre 2022, Vladimir Poutine s'est adressé à la nation russe à la télévision centrale la nuit de la Saint-Sylvestre, une tradition. Mais quelque chose a changé par rapport à tous ses autres discours depuis vingt-deux ans. Le président russe n'était pas dans son bureau, ni sur le fond habituel de sapins, de décorations de Noël ou de l'horloge de la tour Spasskaïa du Kremlin. Derrière Poutine, on voyait trois rangées d'hommes et de femmes en uniforme militaire.

La critique médiatique s'est portée principalement sur la femme placée derrière le président. Les spécialistes ont trouvé la même personne jouant d'autres rôles « théâtraux » : vendeuse de glaces en 2017 et 2019 et travailleuse sur une chaloupe de pêche. Donc une figurante, sans doute membre du FSO (Service de la protection des personnalités), déguisée en militaire. Une étrange stratégie de communication !

Derrière cette polémique, on a laissé passer le principal message de Poutine : la Russie se présente en 2023 comme un pays en guerre. Un changement radical d'image et une symbolique guerrière inhabituelle, même pour la Russie.

Dix jours plus tard, les autorités russes fermaient les frontières pour toute personne mobilisable et faisant partie de la réserve militaire. Une prédiction du chef du renseignement militaire de l'Ukraine (GUR) le général Kyrylo Boudanov, commençait à se concrétiser. La deuxième vague de mobilisation s'organisait, on a parlé d'un nouveau demi-million de troupes fraîches pour renforcer le front de batailles en Ukraine, et surtout les unités en grande difficulté. Là encore, personne n'a réagi.

La nomination du général Lapine – d'abord promu au rang de Héros de Russie pour la prise des villes de Siéviérodonetsk et Lyssytchansk puis tombé en disgrâce après la retraite d'Izume – au poste de chef d'état-major principal de l'armée de terre de la Fédération de Russie n'est passée que comme une réponse victorieuse du clan militaire de Choïgou, le ministre de la Défense, aux critiques acerbes d'Evguéni Prigojine, le sulfureux chef de la milice Wagner, et de Ramzan Kadyrov, le tumultueux leader islamiste de la république rebelle de Tchétchénie. Bref, comme une petite victoire tactique des militaires de carrière dans la lutte administrative des clans autour de Poutine.

Le 11 janvier 2023 un communiqué de Kremlin annonçait un remaniement de la direction des généraux à la tête de l'opération spéciale militaire, comme les Russes appellent la guerre en Ukraine. Et là encore, les Français n'ont pas compris le message. Il ne s'agissait pas d'une nouvelle purge parmi les généraux mais d'un vrai changement. Peut-être le plus profond depuis le début de la guerre et qui démontrait pour une fois la détermination de Poutine, et sa vision stratégique du conflit.

Sur les quatre militaires nommés, un seul était déjà en place, le général d'armée Sourovikine, jusque-là chef des opérations en Ukraine. Il se voyait rétrogradé et devenait un des trois adjoints du nouveau chef. D'aucuns ont vu dans cette humiliation un signe de disgrâce. Cependant, ce n'en était pas une. Il restait en place, parmi les quatre dirigeants.

Les trois autres ne sont pas exactement des novices. Le nouveau chef des opérations, qui prenait la place de Sourovikine, n'était autre que le chef d'état-major général des forces armées de la Fédération de Russie : le général Valéri Guérassimov, en personne. Le premier militaire professionnel du pays qui commandait toute l'armée.

Il était entouré par le général d'armée Oleg Salyukov, commandant en chef de l'armée de terre, et par un autre militaire, Alexeï Kim, l'ancien chef d'état-major principal de l'armée de terre, qui venait de libérer cette fonction pour le général Lapine.

Quelle belle brochette de généraux gavés d'étoiles sur les épaulettes !

Traduction concrète de ce petit ballet : Guérassimov est celui en Russie qui, avec Poutine et Choïgou, possède les codes nucléaires et la valise – le terminal « Tchéguette » – permettant techniquement d'enclencher les frappes nucléaires allant jusqu'à la guerre – mondiale. Et Sourovikine est celui qui exécute les ordres et organise les frappes. Maintenant tous les deux se trouvaient, par la décision du président Poutine, à la tête de la hiérarchie des armées.

Une incertitude de plus ?

PARTIE III
QUI PEUT ARRÊTER POUTINE ?

15

Bataille au couteau

Dmitri, Sergueï et Nikolaï sont de véritables *insiders*, ils arpentent les couloirs du pouvoir russe depuis des années. Puissants, malins, enfin plus ou moins, avec un vrai pouvoir de nuisance. Un régal pour tout « kremlinologue » qui se respecte.

Au stade actuel d'enlisement de la guerre, la question peut être posée : et si Poutine devait un jour être marginalisé, voire écarté ? Nul n'est irremplaçable et surtout pas lui. L'un de ces personnages pourrait-il avoir un rôle à jouer ?

Commençons par celui qui suscite actuellement un regain d'intérêt : Dmitri Medvédev, l'ancien président de la Fédération de Russie. Un véritable pitbull… des réseaux sociaux. Les Ukrainiens ? « Des toxicomanes nazis. » Le face-à-face Russie-Occident ? « Un conflit sacré contre Satan », « Bâtards, dégénérés, cupides… », émaillent ses messages sur Telegram. Étonnant, venant d'un homme qui donnait l'image d'un dirigeant moderne et plutôt ouvert jusqu'à il y a peu. À première vue seulement, je crois plutôt que nous avons affaire depuis le début à une marionnette de Poutine, un mauvais second rôle.

Ces deux-là se connaissent depuis trente ans. Du temps où Poutine, de retour de Dresde, avait été détaché en 1990 dans la réserve du conseiller aux relations internationales de l'université de Léningrad. Une couverture pour l'officier du KGB en fin de carrière, qui lui permettait de surveiller les étudiants, les délégations étrangères qui visitaient l'université et de recruter des indics. Dmitri Medvédev était alors professeur de droit au sein de l'université. Est-il devenu informateur pour Poutine ?

Y a-t-il encore autre chose ? J'ai bien ma petite idée… Trop d'intimité les lie. Quand Poutine commence à faire carrière auprès du maire de Saint-Pétersbourg Anatoli Sobchak, Medvédev fait la sienne dans son ombre.

Dans les années qui suivent, il s'adonne parallèlement aux joies nouvelles de l'élite russe, tandis que le peuple sombre dans la misère : le business. L'industrie forestière, pour un galop d'essai, puis il intègre le « joyau de la couronne » : Gazprom. Resté proche de Poutine, il entre au gouvernement en 2003 où il officie jusqu'à la consécration en 2008 : il est le candidat « remplaçant » de son vieil ami, qui ne peut effectuer plus de deux mandats successifs. Afin que les choses soient claires pour tous, à savoir que rien ne va changer, Medvédev propose publiquement à Vladimir la place de Premier ministre. Trois mois avant les élections. Plus jeune de treize ans, avenant, cultivé, il aime le rock, il ressemble à un Tony Blair slave, et c'est avec 70 % de bulletins favorables qu'il remporte la présidence dès le premier tour.

Personne n'est dupe, le maître du Kremlin reste le même. Poutine, en le désignant comme son successeur, que l'on imagine temporaire, fait un pari avec une part de risque calculée. Il a besoin de quelqu'un de très loyal, que l'ambition et l'attrait soudain du pouvoir n'enivreront pas. On peut imaginer aisément que la possession de quelques « kompromat » à son sujet sera utile si l'envie lui prenait de s'émanciper de son mentor. Ainsi, comme le tsar Nicolas II dont la femme fascinée par Raspoutine dirigeait le pays, Dmitri est la vitrine présentable de la « boutique » Russie, tandis que Vladimir tire les ficelles dans l'ombre.

Le ton est donné très vite, et les quelques naïfs qui pensaient que l'arrivée de Medvédev marquerait le début d'une nouvelle période d'ouverture en seront pour leurs frais.

Août 2008, en pleine période des Jeux olympiques de Pékin, la Russie déclenche un conflit militaire contre la Géorgie, prétextant la défense du « désir d'indépendance » des régions d'Ossétie du Sud et d'Abkhazie, considérées, tout à coup, comme vitales pour l'empire. Menacées par la Géorgie, qui serait manipulée par l'Union européenne et l'OTAN ! Cela ne vous rappelle rien ? L'Ukraine, par exemple ?

L'Europe occidentale et un Nicolas Sarkozy qui prétend la diriger interviennent très vite : un cessez-le-feu est signé entre l'agresseur et la victime. Tout finit bien ? Tbilissi, la capitale géorgienne, se trouve à 40 kilomètres seulement de la frontière russe ; si Poutine l'avait voulu il aurait pu s'en emparer facilement. Pourquoi ne l'a-t-il pas fait ? Coup d'essai contre un ancien petit frère soviétique ayant cédé aux sirènes de l'Ouest ? L'histoire semble se répéter...

Autre fait marquant de la présidence : la Constitution de 1993 prévoyait une durée de quatre ans pour le mandat présidentiel, il passe à six ans. Un fier service rendu par Medvédev à Poutine qui a publiquement promis ne jamais changer la loi fondamentale. Il a tenu parole – c'est Medvédev qui s'en est chargé. Beau tandem !

Contrairement à Poutine, il joue clairement la carte de la modernité et de la différence de générations. Mais il s'intéresse trop à la technologie occidentale au point d'obtenir le sobriquet méprisant d'Aïfontchik (« petit i-Phone »).

Hélas, comme pour tous les vieux couples, vient l'heure des disputes. Le 18 mars 2011, la Russie, à l'ONU, sur les instructions du président Medvédev, s'abstient sur le vote de résolution d'une intervention militaire en Libye. Manière déguisée de laisser le champ libre aux Français et aux Américains pour destituer le colonel Kadhafi. Vladimir affirme alors qu'il s'oppose à ce qui pour lui ressemble à une « croisade du Moyen Âge ». Un Premier ministre qui désavoue publiquement la décision de son chef tout en restant à son poste, du jamais-vu dans l'histoire politique récente.

À un an des élections présidentielles, la bataille est à l'époque lancée entre les deux hommes. Chose extraordinaire, le pantin Medvédev devient plus populaire que Poutine ! Une intrigue de palais se trame au Kremlin. Certains oligarques poussent le faible président à se représenter pour un deuxième mandat… contre Poutine ! En décembre 2011, des élections législatives truquées, chose pourtant habituelle, provoquent des manifestations importantes au sein des classes moyennes à Moscou. Un vent de liberté et de révolution siffle sur la Russie, les espoirs renaissent. Mais la fronde bourgeoise s'essouffle durant les fêtes de fin d'année, tout le courage disparaît avec les flots de champagne et de vodka.

Comme dans un film de série B, Poutine est réélu à la présidence de la Fédération de Russie en mars 2012. Le 6 mai, la veille de son investiture, à Moscou, des milliers d'opposants à son retour sont violemment frappés et arrêtés, dont Alexeï Navalny.

Le pays des champions d'échecs invente un roque politique inouï. L'ex-président Dmitri Medvédev reprend la place de son ancien Premier ministre redevenu président, de plus en plus omnipotent. On voit alors apparaître une caricature montrant les deux hommes au pouvoir, s'échangeant leur place tous les deux mandats, jusqu'à devenir centenaires. Tombé en disgrâce, Medvédev quitte définitivement son poste à la tête du gouvernement en 2020 et devient vice-président du Conseil de sécurité, un organe certes stratégique mais où il n'a en réalité presque aucune influence. Soyons clairs, c'est un placard doré. Medvédev en souffre terriblement. La rumeur sur son alcoolisme se fait plus insistante. Il lui arrive de donner des interviews dans un bureau au Kremlin qui est manifestement vide et ne comporte aucun dossier. Le bruit court qu'on ne lui prête un vrai bureau que le temps du tournage.

Ses récentes déclarations fracassantes sur l'Occident, son costume neuf de « va-t-en-guerre », ne sont peut-être que les supplications pathétiques d'un homme qui est tombé de son trône et veut désespérément se racheter auprès de son maître.

Un caractère soumis, l'absence d'ambition réelle, autant de défauts qui devraient l'exclure définitivement de la course. Mais l'histoire de mon pays nous apprend que souvent, après le passage d'un homme fort, on choisit celui qui représentera le moins de danger pour l'entourage. Beria, l'âme damnée de Staline, ne succédera que quelques semaines au « Petit Père des peuples » à sa mort. Il sera arrêté quelques semaines plus tard et fusillé sans autre forme de procès comme espion étranger et ennemi du peuple. C'est Nikita Khrouchtchev, le faux Ukrainien à qui Staline faisait danser le hopak – une danse populaire –, qui remplace finalement le dictateur pendant onze ans, pour le détrôner officiellement au XXe Congrès puis petit à petit s'installer dans le même culte de la personnalité. Un groupe de comploteurs finit par renverser le tyrannique Khrouchtchev en 1964. Mais ces fortes personnalités n'arrivent pas à décider qui sera le plus fort et finissent par mettre à la place du leader, « provisoirement », le plus médiocre d'entre eux – Léonid Brejnev. Il les enterra politiquement tous et resta dix-huit ans au pouvoir.

Donc, historiquement, le pathétique Dmitri Medvédev aurait toutes ses chances de remplacer Poutine. D'autant plus qu'il a déjà été Premier ministre et président. En octobre 2022, Medvédev occupait la quatrième place des hommes et femmes politiques les plus populaires de Russie. Mais en réalité, il n'y arrivera pas.

Dans ce jeu d'ombres, l'actuel ministre de la Défense, Sergueï Choïgou, est peut-être le plus sérieux des candidats. Il fait partie des meubles du Kremlin depuis plus de trente ans, un record. Dont dix-huit ans au poste de ministre des Situations d'urgence. Catastrophes naturelles ou attentats sont son champ d'action. Il bénéficie d'une bonne image auprès du public, empathique, volontaire, n'hésitant pas à se retrousser les manches et à aider lui-même les victimes lorsque les sauveteurs manquent de bras. Contrairement à la garde rapprochée de Poutine, il ne vient pas de Saint-Pétersbourg, et n'a jamais été membre du KGB. Mais il a su se montrer loyal au fil du temps, c'est déjà ça !

Sergueï participe aux parties de chasse et de pêche dont raffole Vladimir, et l'a initié à d'autres activités un peu moins banales. Issu de la minorité Touvain, une minorité proche des Mongols venue des steppes de Sibérie méridionale, Choïgou pratique le chamanisme, chose assez courante dans l'Altaï.

Au printemps, les bois des jeunes cerfs rouges de la région de Touva sont encore souples et gorgés de sang. Ce sang aurait des propriétés thérapeutiques pour la peau et le cœur. Ainsi, après avoir arraché les bois de dizaines de ces pauvres animaux, les deux compères prennent des bains du sang prélevé. C'est même devenu une « mode » dans l'élite russe : Alexeï Miller, le P-DG de Gazprom, et Sergueï Sobianine, le maire de Moscou, par exemple, en sont de fervents pratiquants.

Ancien des komsomolets (les « Jeunesses communistes ») puis chaman, mais aussi chrétien orthodoxe appliqué, Choïgou se fait remarquer le 9 mai 2015 en se signant juste avant d'arriver sur la place Rouge pour le « défilé de la victoire ».

En 2012, Poutine le nomme ministre de la Défense, poste étrange pour un homme qui n'a jamais fait de service militaire. Le tsar du Kremlin, en guise de conseil, lui recommande de regarder la série télévisée américaine *House of Cards* qui suit le parcours d'un homme politique cynique et cruel jusqu'au sommet de l'État. Ironique…

On aurait pu lui pardonner son amateurisme mais il commet la faute de goût de demander à Poutine de lui octroyer un grade de général d'armée (le plus haut en temps de paix) et de le couvrir de toutes les décorations de guerre comme un sapin de Noël. À partir de là, les militaires de carrière le mépriseront.

En février 2014, il participe à la réunion qui scellera la décision d'envahir la Crimée, aux côtés d'Ivanov, de Patrouchev, de Bortnikov et de Poutine. Les soldats russes sans matricule d'identification qui interviennent sont briefés pour être respectueux, ce sont des « protecteurs » et non des envahisseurs. Choïgou a compris que la guerre pouvait aussi être gagnée par les images, les vidéos des pilotes russes volant en Syrie et diffusées sur les réseaux sociaux en mode *Top Gun* en sont un des exemples.

Très attaché au prestige, en 2017, il fait modifier les uniformes d'apparat au profit du modèle en vigueur dans l'Armée rouge. Il est ce que l'on appelle un des *soloviki*, les « hommes forts » du régime.

Et comme tous les membres de l'aréopage du Kremlin, la corruption et l'enrichissement personnel font partie du package infernal.

Il utilise sa fille Ksenia comme son « porte-monnaie ». Son premier scandale date de 2009 : à peine sortie du lycée, à l'âge de dix-huit ans, elle fait l'acquisition, pour commencer, de deux terrains pour la coquette somme de 9 millions de dollars dans la banlieue chic de Moscou ! Diplômée du prestigieux MGIMO, elle passe par la banque de la société Gazprom, une société de tourisme, puis un fonds d'investissement qui a reçu d'énormes sommes de la part du... ministère de la Défense. Seulement 20 % des sommes ont été dépensées pour leur vraie activité. Le reste ? Achats de résidences. La liste continue, on estime les revenus de Ksenia à environ 1 milliard de roubles en 2019 et le gouvernement russe a mis 4,5 milliards de roubles dans la société de la fille cadette du ministre en 2020.

En mars-avril 2022, le ministre Choïgou fut temporairement écarté des affaires par Poutine, qui n'appréciait pas que l'armée russe n'ait pas fini le travail plus rapidement en Ukraine. De nombreux bruits ont couru sur cette étrange disparition. On le voyait déjà liquidé ! Puis il est revenu comme par enchantement.

Bien qu'ayant énormément œuvré pour la modernisation des forces militaires – le budget alloué à la défense est passé à 20 % du budget global de la Fédération, celle d'un pays en guerre –, qu'il ait mis sur pied de nombreuses manœuvres d'envergure, remporté des victoires en Crimée et en Syrie, il n'en demeure pas moins qu'il est peu populaire au sein des états-majors. Ce n'est pas un vrai militaire et un vieux fond de racisme lié à ses origines ethniques mongoles me semblent être deux facteurs qui pourraient l'empêcher d'accéder au trône.

Pourtant, Choïgou a été pendant plusieurs années la figure politique dont la popularité pouvait faire pâlir Poutine en personne. Lors des élections législatives de septembre 2021, Choïgou était la tête de liste nationale du parti présidentiel, La Russie unie. Pour l'anecdote : le leader du parti, Poutine, et son président, Medvédev, n'en faisaient pas partie. En octobre 2022, malgré les défaites en Ukraine, Choïgou occupait encore la onzième place des hommes et femmes politiques les plus populaires de Russie.

Le troisième larron, le mieux placé selon la plupart des experts, est Nikolaï Patrouchev, soixante et onze ans.

Contrairement aux deux autres, les réseaux sociaux ne l'attirent pas, aucune déclaration fracassante sur Twitter ou Telegram, il apparaît peu sur les photos. Presque jamais sur les vidéos. Un fantôme, un homme de l'ombre, et quelle ombre…

Natif de Léningrad, plus tard rebaptisée Saint-Pétersbourg, il étudie la construction navale et devient ingénieur. Étonnant, quand on sait qu'Alexandre Bortnikov, l'actuel chef du FSB, et Sergueï Narychkine, chef du SVR, ont le même diplôme. Patrouchev intègre en 1974 ce qui s'appelait alors le KGB en passant par une formation délivrée à Minsk.

Très intelligent, efficace, il est affecté au service territorial de l'organisation à Léningrad – où il est né. Il gravit les échelons jusqu'à devenir chef de l'unité chargée de la lutte contre la contrebande et la corruption. Humour slave ? Quoi d'autre ?! Malgré cette proximité géographique, il ne connaît pas réellement Poutine à cette époque.

Quand, à l'automne 1991, survient la liquidation du KGB, puis l'interdiction du Parti communiste et finalement la dislocation de l'URSS, ni Poutine ni Patrouchev n'honorent leur serment solennel de défendre les armes à la main les idéaux communistes au prix de leur vie. Ce qui fait d'eux officiellement et judiciairement des traîtres du point de vue soviétique.

Contrairement à Poutine qui démissionne du KGB et passe dans le sillage du maire de Saint-Pétersbourg Sobchak, Patrouchev ne quitte pas le service de contre-espionnage à la chute de l'URSS. Il devient chef du FSB, le nouveau service qui a remplacé le KGB, en Carélie, une petite république proche de la frontière finlandaise. Un de ses lointains prédécesseurs à ce poste fut un certain Youri Andropov qui s'y était fait remarquer, avant de devenir l'un des dirigeants les plus importants du Comité central du Parti communiste puis du KGB et de l'URSS.

En 1994, le général Patrouchev déménage à Moscou et occupe plusieurs postes importants dans l'appareil central du FSB, y compris celui de chef de la sécurité interne de la Loubianka. Le mythe dit qu'il profite de cette promotion prestigieuse pour faire venir ses anciens collègues de Léningrad, dont Vladimir Poutine. C'est faux.

Ce que l'on peut dater à coup sûr, c'est l'arrivée de Patrouchev dans le sillage de Poutine en 1998 dans le bureau de l'administration présidentielle de

Boris Eltsine. À partir de ce moment-là, il deviendra l'ombre de Poutine partout où celui-ci ira.

C'est à cette époque que la carrière de Poutine va vraiment décoller. Après sa nomination à la tête du gouvernement en août 1999, Patrouchev va le remplacer au fauteuil de directeur du FSB. Peu après, une vague d'attentats attribués aux indépendantistes tchétchènes ébranle la Russie. Le peuple russe crie vengeance pour les 300 victimes ; le Premier ministre Poutine jure « d'aller buter jusque dans les chiottes » les supposés auteurs de ces crimes. En septembre, à Riazan, trois hommes sont remarqués par des citoyens vigilants et arrêtés par la police locale alors qu'ils sortaient de lourds sacs d'une voiture. À l'intérieur, un détonateur, et le même explosif, de l'hexogène, uniquement produit par l'armée car très coûteux, qui avait été utilisé lors des attentats précédents. Les hommes sont identifiés, ils appartiennent au FSB. Le scandale pourrait être énorme.

Nikolaï Patrouchev annonce devant les caméras des médias qu'il s'agissait d'un simple exercice et qu'il n'y avait aucune trace d'explosif dans les sacs… lesquels ne contenaient que du sucre. Affaire classée, les bombes vont pleuvoir sur les civils de Grozny.

Un certain Alexandre Litvinenko, ex-agent du FSB devenu dissident, et un historien britannique, Yuri Felchtinski, vont raconter cette machination de Poutine et Patrouchev dans le livre à scandale *Blowing Up Russia*[1]. Cette publication coûtera la vie à Litvinenko en 2006 : il sera empoisonné au polonium 210 par

1. *Le Temps des assassins*, Calmann-Lévy, 2017.

son ancien collègue du KGB Andreï Lougovoï devenu ensuite député de la Douma. En Russie, nombreux sont ceux qui pensent que les commanditaires de cet assassinat étaient Poutine et Patrouchev.

Fidèle parmi les fidèles, ce dernier oublie vite le communisme et se révèle très vite être un idéologue nationaliste russe, qui déclare détester les valeurs occidentales. Le pouvoir et l'argent sont là pour nourrir sa cause : il rêve d'une Russie forte. Le problème, c'est qu'auparavant, d'une manière tout aussi fervente, il prétendait vouloir défendre les idées du communisme. Quelles sont ses positions idéologiques véritables ? C'est d'abord et avant tout un carriériste et un opportuniste qui, comme Poutine, profite jusqu'à l'indécence de l'explosion financière du capitalisme pour se faire énormément d'argent.

Lorsque Medvédev remplace Vladimir Poutine à la présidence en 2008, le camarade Patrouchev est nommé secrétaire du Conseil de sécurité. On pourrait croire à une mise au placard, il n'en est rien. Cet organisme dépend directement du Kremlin et coordonne toutes les agences de sécurité et de renseignement du pays. Un État dans l'État dont il est le gardien.

Son influence sur le président russe ne cesse de grandir. Il dénonce l'« Ouest qui voudrait non seulement construire un nouveau rideau de fer mais détruire totalement la Russie » – délire qu'il partage avec Poutine, sur le papier. Patrouchev est d'ailleurs à l'origine des *fake news* sur l'existence de laboratoires américains en Ukraine qui travailleraient sur des virus mortels qui ont surgi un peu partout sur le Net.

En réalité, le régime profite de l'Occident, son meilleur client, en lui bradant les richesses naturelles du pays. Ce régime parasitaire, d'un autre côté, fait vivre le même Occident et la Chine, ses meilleurs fournisseurs, en leur achetant tout ce qu'il n'est pas capable de produire. La haine de l'Occident n'est qu'une hypocrisie de plus pour s'enrichir sans risque. Personne ne peut prouver réellement quelles sont les convictions de ces deux personnages : à quel point croient-ils aux thèses délirantes qu'ils prétendent défendre ?

Faucon parmi les faucons, ce « Beria bis » a certainement autant de secrets en sa possession que Poutine. Il pourrait sans aucun doute prendre la place de son mentor, il en a les compétences, la puissance, mais il fait peur à son entourage. Logiquement, il serait rapidement éliminé.

Ces derniers temps, les bruits courent que Nikolaï Patrouchev ne voudrait pas remplacer Poutine mais préférerait mettre en avant son fils aîné Dmitri, actuel ministre de l'Agriculture. Est-ce que cette gentille petite famille pourrait l'emporter face à Medvédev ou à Choïgou ? Personne n'en sait rien aujourd'hui.

D'autres personnages du régime peuvent faire de l'ombre à cette troïka.

Institutionnellement, il faudra compter aussi avec Mikhaïl Michoustine, le Premier ministre actuel à qui la Constitution russe octroie automatiquement le siège présidentiel par intérim en cas d'empêchement ou de disparition prématurée du président avec l'obligation légale d'organiser sous trois mois de nouvelles élections.

Le président de la Douma, la chambre basse du Parlement, Viatcheslav Volodine, et la présidente du Conseil de Fédération, le Sénat russe, Valentina Matvienko, sont tout aussi bien placés dans ce panier de crabes pour conquérir le pouvoir suprême.

Sergueï Sobianine, le maire de Moscou, Alexandre Beglov et Georgy Poltavchenko, actuel et ancien gouverneurs de Saint-Pétersbourg, quelques dirigeants territoriaux, quelques membres du gouvernement, politiciens ou gouverneurs de grande région sont tout aussi qualifiés pour s'entredéchirer dans cette lutte féroce.

Comme dans n'importe quelle lutte de pouvoir violente, des victimes collatérales font parfois partie des pertes inévitables. Dans le cas de Poutine, les intrigues au sein du Kremlin, de l'armée, des réseaux financiers, font figure de modèle quasi indépassable en matière de coups tordus et d'éliminations physiques.

Car la liste de ceux qui sont tombés, pour de bonnes ou mauvaises raisons, ne cesse de grandir.

16

Cadavres exquis, la liste qui fait peur

Dans mon précédent ouvrage *L'Engrenage*, j'avais déjà abordé le sujet : les relations perverses entre Poutine et les oligarques. Des personnages extrêmement riches qui sont soudain pris d'une mélancolie extrême et qui, après avoir tout réussi – au moins dans les affaires –, décident d'en finir avec une vie qui leur semble désormais sans intérêt.

Comme au temps de l'Empire romain ou de Cosa nostra, les manigances au Kremlin vont bon train. Une guerre qui s'enlise, un dirigeant jusqu'au-boutiste et paranoïaque, des luttes intestines au sein du pouvoir. Certains de ces oligarques ont par ailleurs eu l'imprudence de montrer une certaine fatigue dans leur loyauté à un régime qui semble les mener dans un mur.

Quelques mois avant l'invasion de l'Ukraine, un premier accident m'avait interpellé. Le 8 septembre 2021, Evguéni Zinitchev, cinquante-cinq ans, ministre en charge des Situations d'urgence et membre du Conseil de sécurité de la Fédération de Russie meurt en tombant d'une falaise. Il supervisait un exercice de ses troupes à Norilsk, près du cercle arctique. Lors d'une visite des chutes de Kitabo-Oron, il aurait voulu sauver la vie du réalisateur-caméraman qui l'accompagnait, Alexandre Melnik, qui aurait glissé sur un rocher avant de tomber à l'eau.

En sautant il se serait écrasé sur un rocher. Pas de chance, un accident, comme il en arrive tous les jours.

Sauf que… Il existe deux versions du drame, l'une décrite plus haut, dans l'autre, il serait tombé le premier. La première version a été copieusement servie par Margarita Simonian de Russia Today, la propagandiste en chef de Poutine, et donc une source très peu fiable.

Ce brave ministre n'est pas n'importe qui : ancien du FSB, puis garde du corps de Poutine au sein du FSO, il avait aussi occupé le poste de gouverneur de l'enclave de Kaliningrad. Promu colonel-général, il était pressenti pour occuper des postes de plus en plus importants dans le système ; on évoquait son nom pour remplacer Alexandre Bortnikov à la tête du FSB. Plus sérieux encore, il commençait à faire de l'ombre à Sergueï Choïgou, ministre de la Défense et son prédécesseur dans le fauteuil du ministre des Situations d'urgence – qui en Russie est une institution de force, possédant une flotte d'avions et d'hélicoptères, mais aussi des blindés et de l'artillerie.

Mes sources évoquent le fait que contrairement à nombre de dignitaires du Kremlin, Zinitchev avait une vision politique plus affirmée, et qu'il aurait été le principal instigateur d'un projet visant à remplacer Poutine à l'automne 2021.

Le tsar du Kremlin vient en personne aux obsèques durant lesquelles on assiste à une bien étrange scène.

Il élève le défunt au rang de Héros de Russie, à titre posthume, avant d'embrasser longuement sa dépouille dans le cercueil. Pour un homme qui affiche en permanence un visage fermé, parfois agrémenté d'un demi-sourire, ce moment improbable où il exprime une émotion en public a de quoi interroger. A-t-il voulu se « racheter » ? Mais de quoi ? L'hécatombe en tout cas est bien réelle.

Le temps passe…

La malédiction frappant les oligarques est apparue en pleine lumière avec les préparatifs, côté Kremlin, de l'« opération spéciale ».

Cela commence par Léonid Schulman, soixante ans, directeur de la société de transport affiliée à Gazprom, le géant gazier russe. Le 30 janvier 2022, il est retrouvé chez lui baignant dans son sang. Des plaies aux poignets, une lettre à ses côtés. Le 8 février, Igor Nosov, quarante-deux ans, est victime d'un AVC à Moscou. Il est le P-DG de la société aéronautique pour le développement de l'Extrême-Orient et de l'Arctique. Il ne sera pas le dernier sur ce poste… Ces deux disparitions passent inaperçues.

Le 25 février, c'est Alexandre Tyulyakov, directeur général adjoint d'une filiale du géant Gazprom et considéré comme le trésorier de la compagnie qui y passe : il est retrouvé pendu dans le garage de sa maison près de Saint-Pétersbourg. L'enquête du légiste évoque des traces de lutte sur son corps, mais conclut à… un suicide. Le 28 février, Mikhail Watford, un sujet britannique naturalisé de soixante-six ans, né en Ukraine sous le nom de Mikhailo Tolstocheya, est lui aussi retrouvé pendu dans le garage de sa maison de 18 millions de livres sterling. Il avait fait fortune dans le pétrole. Le 23 mars, Vassily Melnikov, P-DG de Medstorm, société spécialisée dans le matériel médical, poignarde sa femme, ses deux enfants de quatre et dix ans avant de se suicider.

Le 28 mars 2022, les médias ont annoncé que l'oligarque russe qui participait aux pourparlers avec l'Ukraine Roman Abramovitch (et quelques personnes de son entourage) a été empoisonné à Kiev. À ce stade, on peut cependant considérer qu'il s'agit de rumeurs qui ne reposent sur rien d'incontestable.

Le 18 avril, en revanche, Vladislav Avayev, cinquante et un ans, abat sa femme puis sa fille de treize ans avant de se loger une balle dans le crâne. Ancien membre du Kremlin, il était aussi vice-président de Gazprombank. La découverte de l'infidélité de sa femme avec leur chauffeur serait la cause de son accès de folie.

Le lendemain, c'est la famille d'un autre oligarque qui est frappée par un drame tout aussi sanglant. Sergueï Protosenya, cinquante-cinq ans, est retrouvé pendu à un arbre de sa villa de Lloret de Mar en Espagne. Les corps de sa femme et de sa fille, tuées à coups de couteau et de hache, gisent dans le jardin. L'ancien vice-président de Novatek, la deuxième plus importante compagnie gazière russe, vivait en France dans la région de Bordeaux en profitant de sa retraite… et d'une fortune personnelle estimée à 400 millions d'euros. Tous ses proches décrivent un homme bien dans sa peau, aimant sa famille par-dessus tout. Lors de l'enquête on découvre que les vêtements de Protosenya ne sont pas couverts de sang, et que ses empreintes digitales sont introuvables sur les armes.

Le 2 mai, Andreï Krukosky, trente-sept ans, chute quant à lui d'une falaise à Krasnaïa Poliana, une station balnéaire de ski, appartenant à Gazprom, dont il est le directeur. Considéré comme un bon grimpeur, il avait gravi notamment le Kilimandjaro. Cette station de montagne construite spécialement pour les JO de Sotchi de 2014 est l'endroit préféré de Poutine, de Medvédev, et de l'élite russe pour faire du ski.

Des chutes mortelles, des suicides… autant d'accidents qui ressemblent à des exécutions dont le pouvoir en Russie est familier. Ce système est d'une perversité inouïe. Ce qui est à la fois fascinant et effrayant, c'est la diversité des cibles du Kremlin.

Le 8 mai 2022, Alexandre Soubbotine, quarante-trois ans, milliardaire, ancien ponte de Lukoil, la plus importante compagnie pétrolière russe privée, se rend ainsi chez deux chamans aux noms exotiques, une pratique en vogue chez les membres de la haute société moscovite. Ils lui appliquent de la bave de crapaud sur le corps, sûrement en vue de purifier son organisme. Soubbotine souffre d'un mal très russe, l'alcoolisme. Problème de dosage, le liquide en question est hautement toxique, et – pas de chance ! – le cœur lâche. L'opération idéale, propre, sans trace.

Le 4 juillet, Yuri Voronov, soixante et un ans, est lui retrouvé flottant dans la piscine de sa maison à Saint-Pétersbourg. Il se serait tiré une balle dans la tête suite à un « différend avec des partenaires commerciaux ». Il dirigeait une société proche de Gazprom. On a connu les Russes plus résistants au stress.

Le 31 juillet 2022, les agences de presse ont publié des suspicions d'empoisonnement sur la personne d'Anatoli Tchoubaïs. Cet oligarque très influent de la vieille garde d'Eltsine a été l'un des seuls à avoir obtenu l'aval de Poutine pour quitter la Russie. Et après quelques semaines d'errance entre la Turquie, Israël et la Méditerranée, il se retrouve en Sardaigne, aux urgences d'une clinique, souffrant apparemment du syndrome de Guillain-Barré.

Il s'agit d'une maladie rare. Le système immunitaire du patient attaque une partie du système nerveux périphérique. Le syndrome peut atteindre les nerfs qui commandent les mouvements musculaires, ainsi que ceux qui transmettent les sensations douloureuses, thermiques et tactiles. Il peut ainsi entraîner une faiblesse musculaire et la perte de sensation dans les jambes et/ou les bras. Évidemment ces informations ont provoqué beaucoup de rumeurs et de suspicions. Il est transféré en Allemagne, puis réapparaît sain et sauf quelques mois plus tard en Israël. Vivant mais silencieux !

Il ne sera donc pas comptabilisé dans la statistique macabre.

On est au bout de la liste fatidique ? Pas vraiment.

Le 14 août 2022, Dan Rapoport, cinquante-deux ans, s'écrase au sol après une chute depuis le toit-terrasse de son appartement… à Washington. Né en URSS, il était venu s'installer avec ses parents aux États-Unis.

Businessman aguerri, il fait le voyage dans l'autre sens après la fin de l'URSS mais repart définitivement à l'Ouest en 2012. Opposant déclaré à Vladimir Poutine, il soutient Alexeï Navalny. Le site d'investigation Bellingcat découvre que Rapoport avait créé une page sur Facebook sous l'identité d'un mystérieux analyste du Pentagone qui critiquait la politique beaucoup trop accommodante d'Obama à l'égard du Kremlin. L'enquête va durer plusieurs mois, pour finalement conclure que les causes ayant mené au saut mortel restent indéterminées.

Daria Douguina, fille du « penseur » mystico-nationaliste Alexandre Douguine – je dirais plutôt un gourou illuminé aux tendances fascistes –, est victime d'un attentat à la bombe : celle-ci a été placée sous sa voiture à 40 kilomètres de Moscou, le 20 août. Son père devait être dans le véhicule, mais au dernier moment, pour une raison inconnue, il décide de prendre une autre voiture qui suit à distance celle de sa fille. Il est ainsi le premier arrivé sur les lieux du crime.

Le FSB qui n'arrive toujours pas à éclaircir les dizaines d'assassinats commandités depuis trente ans contre des opposants à Poutine, pour une fois, mène une enquête éclair et identifie la suspecte. Il s'agit d'une Ukrainienne, évidemment, qui demeure introuvable. On a donc un agent du SBU qui assassine une citoyenne russe en pleine guerre, à une trentaine de kilomètres à vol d'oiseau de la résidence de Poutine dans une banlieue chic de Moscou qui est quadrillée par le FSO (service de la protection des personnalités). J'ai le plus grand respect pour les agents ukrainiens, mais je pense que c'est peu crédible. C'est une opération trop lourde à monter pour eux. Alors ?

Daria ne serait pas la vraie cible, elle ne représente rien. Le cadavre de sa fille, du moins ce qu'il en reste, est encore chaud lorsque Alexandre Douguine affirme que la bombe lui était destinée.

On le décrit comme un proche de Poutine, il n'en est rien. Le tsar du Kremlin s'est servi de certains de ses concepts fumeux pour flatter l'extrême droite et les fanatiques d'un « empire russe » guerrier.

Il y a deux hypothèses selon moi : la première, c'est l'œuvre des services russes. Ce meurtre intervient à un moment où le conflit prend une tournure critique pour eux. Les troupes ukrainiennes commencent la contre-offensive dans la région de Kharkiv, un revers honteux pour l'armée russe et un échec cuisant pour Poutine. Quoi de mieux qu'un lâche assassinat sur le sol de la mère patrie pour détourner l'attention et redonner soif de vengeance et de sang au peuple ? Un pas de plus vers la « guerre totale » fantasmée par une partie des Russes fanatiques ?

Ou bien, dans un accès de cynisme extrême, on imagine encore pire, l'hypothèse du cercle familial, d'un détraqué, instigateur de ce sacrifice qui lui permettrait d'accéder à une visibilité plus grande et au rôle dont il rêve, devenir le Joseph Goebbels de Poutine. L'organisation des obsèques en témoigne. Tout ce que le pays compte d'extrémistes et d'orthodoxes défile devant les dizaines de caméras des médias du monde entier. Douguine se met savamment en scène. Poutine ne vient pas mais envoie un de ses conseillers qui décore la défunte d'un ordre pour la bravoure.

Fin d'été agitée à Moscou…

1er septembre, toujours en 2022, année annoncée noire s'il en est ! Ravil Maganov mérite qu'on lui prête une attention toute particulière. Président du conseil d'administration de Lukoil, il meurt à soixante-sept ans des suites d'une chute – décidément ! –, depuis une fenêtre du sixième étage de l'hôpital central de Moscou, qui dépend directement du Kremlin. Victime d'une crise cardiaque, il y était traité aux antidépresseurs. Un de plus, me direz-vous, effectivement. Dès le début de la guerre, il avait appelé par la voix des actionnaires de Lukoil à « mettre fin le plus rapidement possible au conflit en Ukraine » et « exprimait sa sincère empathie pour toutes les victimes touchées par cette tragédie ». Et parmi tous les défunts, celui-là est un vrai oligarque !

Le contexte offre une curiosité baroque : Mikhaïl Gorbatchev était soigné dans le même hôpital, il y meurt des suites d'une « très longue maladie » le 30 août, l'avant-veille du décès de Maganov dans une chambre voisine. Un hasard malheureux pour le coup.

Essayons d'égayer un petit peu cette litanie de morts violentes avec quelques précisions supplémentaires, c'est à la mode en ce moment.

Le 10 septembre, c'est un proche de Poutine qui meurt. Ivan Pechorine, trente-neuf ans, est retrouvé dans le cap Ignatyev, près de Vladivostok. Il aurait chuté de son hors-bord. Il avait remplacé Igor Nosov, mort d'un AVC en février 2022, à la tête de la société aéronautique pour le développement de l'Extrême-Orient et de l'Arctique. Deux personnes, au même poste, mortes l'une après l'autre à six mois d'intervalle, c'est beaucoup comme coïncidence.

Le 14 septembre, le rédacteur en chef du quotidien *Komsomolskaya Pravda*, Vladimir Sungorkin, s'effondre soudainement lors d'un déplacement professionnel avant d'aller déjeuner. Il s'est étouffé, selon ses collègues présents avec lui. Le 21 septembre, Anatoly Gerashchenko, éminent ingénieur, fait une chute mortelle dans l'escalier de l'institut d'aviation de Moscou, structure liée au ministère de la Défense.

Le 28 septembre, Pavel Pchelnikov est retrouvé mort sur le balcon de son appartement moscovite, il se serait suicidé avec un pistolet. Il dirigeait la branche logistique et digitale de la « SNCF » russe.

Cette hécatombe semble ne jamais s'arrêter, une légère accalmie de quelques semaines… et la machine à broyer reprend.

Le 25 novembre, c'est le tour de Vyacheslav Taran : l'homme est victime d'un accident d'hélicoptère près de Monaco. Il gérait une plateforme de trading de cryptomonnaies avec une fortune personnelle estimée à plusieurs milliards de dollars. La personne qui l'accompagnait à Lausanne lors du vol aller aurait changé d'avis au dernier moment sur le tarmac pour rentrer à Monaco (tout comme le papa de Daria Douguina). La météo était bonne ce jour-là, la compagnie assurant le vol, Monacair, réputée, et le pilote très expérimenté.

D'après le SBU, Taran serait lié au SVR et se servait

de sa plateforme de ventes et d'achats d'actifs cryptos, domiciliée à Chypre, pour blanchir de l'argent. Coïncidence troublante, en l'espace de trois semaines, deux autres traders de cryptomonnaies trouvent la mort de façon étrange.

Quant à Vladimir Makeï, ministre des Affaires étrangères de Biélorussie, il meurt subitement le 26 novembre, immédiatement à son retour du sommet de l'Organisation de la défense commune des pays de la CEI en Arménie. Les causes de sa mort restent inconnues à ce jour. Salué par son homologue russe Sergueï Lavrov, qu'il devait rencontrer à deux jours près, comme un « vrai ami de la Russie ».

Ce qu'il était. Fidèle parmi les fidèles du président Loukachenko, il avait néanmoins essayé de créer un semblant de dialogue avec l'Ouest. En février 2020, lors d'une rencontre avec Mike Pompeo, secrétaire général de la Maison-Blanche, des pourparlers étaient en cours pour des importations de pétrole, mais furent stoppés net après la répression sanglante qui s'est abattue sur la population écœurée par des élections présidentielles truquées, sortie dans les rues.

Au début de l'invasion russe il avait indiqué qu'aucune attaque n'aurait lieu depuis la Biélorussie et avait discuté plusieurs fois avec son homologue ukrainien.

Raison suffisante ? En tout cas Poutine presse depuis plusieurs mois la Biélorussie à entrer en guerre contre l'Ukraine.

Tandis que les chrétiens du monde entier s'apprêtent à fêter Noël, le mois de décembre se révèle tragique pour ceux qui osent critiquer la guerre en Ukraine. Grigory Kochenov, dirigeant d'une société informatique de pointe, tombe de son balcon pendant une perquisition à son domicile.

L'oligarque Dmitri Zelenov décède à la suite d'une chute dans un escalier à Antibes, dans les Alpes-Maritimes. Magnat russe de l'immobilier âgé de cinquante ans, il était en visite chez des amis. L'oligarque russe est mort le 9 décembre 2022, mais l'information n'a filtré que quelques jours plus tard, via l'agence de presse Baza, une chaîne Telegram réputée proche du Kremlin. Il s'est éteint le lendemain de son arrivée à l'hôpital Pasteur de Nice des suites de ses blessures. L'oligarque aurait d'abord ressenti un malaise, avant sa chute fatale. On dit que l'homme aurait récemment subi une opération chirurgicale pour soigner des problèmes cardiaques. Dmitri Zelenov avait fait fortune dans les années 1990, avec la construction des premiers immeubles de luxe à Moscou. On lui prête des positions critiques sur l'invasion russe de l'Ukraine.

Vladimir Bydanov, riche entrepreneur d'une petite république, Mari El sur la Volga, et ami d'un député régional en vacances en Inde, meurt le 22 décembre 2022 d'une crise cardiaque dans un hôtel misérable dans un endroit paumé, Rayagada. Son corps a subi une crémation exagérément rapide à laquelle sa famille n'a pas donné son accord. Deux jours plus tard, dans le même hôtel miteux, son ami, l'élu régional de la ville de Vladimir et très riche homme d'affaires, Pavel Antov, tombe du balcon de sa chambre au troisième étage. Il occupait la première place de la liste des élus et fonctionnaires russes les plus riches. En juin 2022, il a publiquement critiqué la guerre en Ukraine.

Alexandre Buzakov, le très apprécié patron de chantiers navals de Saint-Pétersbourg travaillant pour la marine militaire russe, notamment des sous-marins, décède le 24 décembre 2022 à soixante ans seulement de causes inconnues mais tragiques, selon le communiqué des autorités. Cela s'est passé le lendemain de l'inauguration en grande pompe d'un nouveau submersible, *Vélikiyé Louki*. Il était donc en plein succès professionnel et n'avait aucune raison de se suicider.

Fin décembre 2022, les autorités d'Ouralvagonzavod, connue comme l'usine préférée de Poutine, ont annoncé la mort subite à l'âge de soixante-neuf ans du général d'armée Alexey Maslov, ancien commandant en chef de l'armée de terre, ancien représentant militaire russe auprès de l'OTAN à Bruxelles. Après sa retraite en 2011, il travaillait comme inspecteur de la coopération militaire à Ouralvagonzavod, le principal constructeur de chars russes, y compris les tout derniers modèles Armata T-14 et Proryv. Sous les sanctions occidentales depuis 2014, l'entreprise perdait catastrophiquement de l'ampleur et avait du mal à survivre en fournissant les blindés au front en Ukraine.

Début 2023, c'est Dmitri Pavotchka, âgé de quarante-neuf ans, qui inaugure la nouvelle année. Ancien top-manager chez Soukhoï, le producteur des avions militaires et civils de marque SU, chez le géant pétrolier Lukoil, Rusdragmet (producteur de métaux précieux) et Roscosmos (l'agence spatiale), l'imprudent meurt brûlé vif dans un incendie de son appartement au seizième étage d'une tour à Moscou. Il se serait endormi une cigarette allumée à la bouche.

Le 15 février 2023 à Saint-Pétersbourg, sous les fenêtres d'un immeuble, le corps de Marina Yankina, cheffe du département financier du district militaire occidental du ministère de la Défense, a été retrouvé par des passants au petit matin. Selon des informations préliminaires, la femme d'affaires, cinquante-huit ans, vivait dans cet immeuble. Avant de passer au ministère de Sergueï Choïgou, Yankina travaillait comme responsable adjointe du comité des biens immobiliers de la ville de Saint-Pétersbourg puis au service fédéral des impôts – emplois à très fort potentiel de corruption.

L'ancien magnat du pétrole Vyacheslav Rovneiko, lui, a été retrouvé mort dans une villa près de Moscou le 22 février 2023. Rovneiko a fait fortune sur le marché de l'énergie dans les années 1990, puis a créé Urals Energy avec Léonid Diatchenko, l'ancien mari de la fille de Boris Eltsine, Tatiana (qui, avec son deuxième mari Valentin Yumashev, avait joué un rôle décisif dans l'arrivée au Kremlin de Poutine). En outre, l'homme d'affaires était copropriétaire de la société belge de négoce de pétrole Nafta (B) NV et P-DG de l'Union interrégionale des producteurs de carburants. Sa mort est intervenue deux jours après le discours de Poutine devant le Parlement russe lors duquel il a admonesté les oligarques russes qui préfèrent la vie occidentale à celle de la mère patrie.

Enfin, certaines disparitions concernent l'entourage proche du tsar : la gynécologue et sage-femme d'Alina Kabayéva décède ainsi subitement dans le Tessin, en Suisse. Avec trois autres femmes, elle a aidé la « maîtresse de Poutine » à accoucher à Lugano en 2015. Pour un second accouchement, en 2019, l'obstétricienne s'est rendue en Russie. Cette sexagénaire est morte le 24 février 2023, date anniversaire de l'invasion de l'Ukraine par la Russie et quatre jours avant la révélation de son rôle et de son identité dans une enquête de *Proekt*, média russe indépendant spécialisé dans le journalisme d'investigation. La cause du décès n'est pas précisée et son corps est immédiatement incinéré.

Le nombre impressionnant de ces cas suspects ne laisse plus de doutes : une nouvelle lutte pour le contrôle des flux financiers et une élimination d'anciens top-managers et autres témoins gênants qui sont au courant des montages secrets et des schémas obscurs ont certainement commencé sur fond de guerre en Ukraine. Est-ce une opération centralisée ordonnée par Poutine en personne ou par son entourage proche ? Est-ce une lutte intestine entre les clans du régime poutiniste ? Nul n'est capable de le dire.

Qui sera le prochain ? Ou plutôt qui seront les prochains ?

17

Kadyrov et Prigojine : alliés ou rivaux ?

Dans la lutte féroce pour le pouvoir dans l'après-Poutine, qui commence à poindre en Russie, face à la vieille garde de l'ex-KGB et à ses vieux amis de Saint-Pétersbourg, on a nettement remarqué en 2022, après le début de l'« opération spéciale militaire » russe, la montée en puissance de nouveaux prétendants au trône suprême.

Pour le moment, deux énergumènes sulfureux émergent. Ils semblent dépendre de Poutine mais on devine déjà leurs ambitions dévorantes et le danger potentiel qu'ils représentent.

« C'est une vieille histoire, répétée maintes fois, le Kremlin élève un bébé dragon, puis ne doit pas cesser de le nourrir pour qu'il ne mette pas le feu partout... »

Ainsi parlait la journaliste Anna Politkovskaïa au sujet de Ramzan Kadyrov, président de la République tchétchène. Le 7 octobre 2006, elle meurt sous les balles dans l'ascenseur de son immeuble, le jour de l'anniversaire de Poutine. Le « dragon » du Kremlin a-t-il commandité son meurtre ou quelqu'un de prévenant et aimant chez les *siloviki* (représentants de l'État avec force de droit) aurait-il voulu lui faire un tel cadeau ? On peut se poser sérieusement la question. Ne lui avait-il pas lancé un « Vous êtes une ennemie du peuple tchétchène, vous devrez en répondre… » après une interview houleuse avec elle ?

Plutôt qu'un dragon je pencherais pour un pitbull, agressif, violent, mais pas très futé. Les Tchétchènes, comme d'autres peuples du Caucase, occupent une place très particulière dans la psyché et l'histoire russes. Les « noirs », comme les Russes ethniques les appellent avec mépris, ont un peu le même statut que les Algériens auprès de certaines couches de la population française.

Un environnement hostile, peuplé d'animaux sauvages, loups et ours, des guerres tribales incessantes, la déportation de masse vers les goulags de Sibérie ordonnée par Staline, peuvent nous éclairer sur la réalité de ce peuple. À la dislocation de l'URSS, les indépendantistes tchétchènes pensent leur heure enfin arrivée. Craignant une réaction en chaîne qui entraînerait toutes les républiques vers l'émancipation, et autant de manque à gagner en ressources naturelles, Boris Eltsine déclenche la première guerre en Tchétchénie en 1994.

Un accord de paix est finalement signé à la fin de l'été 1996. La Russie se considère comme perdante et la Tchétchénie ne se considère pas comme gagnante. Le feu couve toujours. L'idéologie islamiste imprègne chaque jour un peu plus la société tchétchène, une série d'attentats sur le sol russe en 1999 ravive définitivement le conflit. Selon Litvinenko et Felchtinsky, Poutine et Patrouchev auraient savamment mis le feu à la poudrière avant les élections présidentielles qui allaient advenir.

Vue d'Europe, cette guerre paraît alors très lointaine. Comme des dizaines d'autres, elle ne soulève que peu d'attention, encore moins d'indignation. Sur le terrain, la réalité est brutale. Un djihad pour les combattants tchétchènes contre l'envahisseur chrétien d'un côté ; de l'autre, bombardements aveugles sur les populations civiles, enlèvements, torture, l'armée russe n'a plus aucune retenue. « Un bon Tchétchène est un Tchétchène mort » comme au temps des massacres des nations indiennes en Amérique.

Voilà l'environnement sanglant dans lequel grandit le futur dirigeant tchétchène Ramzan Kadyrov, né en 1976. Son père, Akhmad, rallie Vladimir Poutine durant la deuxième guerre. Ancien chef de guerre, autorité religieuse reconnue, l'ancien grand mufti devient président du pays « pacifié » en octobre 2003. Un an plus tard, durant un défilé militaire russe célébrant le « jour de la victoire » du 9 mai contre les nazis, il est victime d'un attentat à la bombe. Le jour même, Poutine fait venir à Moscou son fils aîné, Ramzan.

Les liens qui unissent les deux hommes sont complexes, l'ancien petit voyou de Saint-Pétersbourg a certainement reconnu en Kadyrov un proche, tout au moins dans sa vision des rapports humains et du pouvoir. L'usage de la force permanente, le recours à la violence, une idéologie réactionnaire.

Un proche, mais aussi quelqu'un qui pourrait lui être fort utile. Chez Poutine il n'y a pas d'égal à égal, il est le chef de meute absolu et entend bien régner sans partage. Ramzan est l'homme qui va lui assurer la stabilité politique et civile en Tchétchénie, encore en proie à des remous où se mêlent conflits interreligieux, chiites contre wahhabites, poussées indépendantistes et organisations criminelles de type mafieux. Tout a néanmoins un prix, même pour Poutine. Environ 80 % du budget de la république provient de la Fédération de Russie (1 milliard de dollars par an). Une mise sous perfusion qui permet à Kadyrov de redistribuer, comme il l'entend, sans vraiment se soucier des besoins réels de la société ou d'une gestion des finances raisonnée. Où va l'argent ? Dans l'éducation, la santé, l'industrie ? Non… Le bandit Kadyrov est un nouveau riche qui règne en maître sur ses tribus.

Les forces de sécurité de l'émir tchétchène sont les principales bénéficiaires de la manne russe. Les Kadyrovtsy, comme on les appelle. Ah, j'allais oublier, Ramzan partage avec Poutine un ego démesuré qui a tout du culte de la personnalité. Ces forces fonctionnent comme une armée privée au service d'un seul homme, mais devraient, sur le papier, être aux ordres de la Fédération de Russie, et elle seule. Il faut bien nourrir le dragon… Kadyrov peut bien proclamer que ses troupes sont les « fantassins de Poutine » et qu'« elles sont peut-être à part des troupes régulières, mais il est des missions que seuls les volontaires peuvent gagner et nous les gagnerons ! ». Tout est rapport de force constant entre les deux personnages.

Les Kadyrovtsy s'embarrassent assez peu d'un quelconque respect des droits de l'homme. On ne compte plus les cas d'enlèvement et de meurtre au sein de ses opposants, ou supposés tels, ou des homosexuels, mais ils maintiennent la « paix » sociale de façade. À quel prix... Oumar Israïlov, ancien garde du corps de Kadyrov, en a peut-être trop vu et décide de parler. Il porte plainte auprès de la Cour européenne des droits de l'homme en 2006. Il dénonce des actes de barbarie et des sévices sexuels auxquels Ramzan aurait directement participé. Il est abattu à Vienne en 2009.

Comme un enfant psychotique à qui on lâche un peu trop la bride afin qu'il ne renverse pas la table, Ramzan édicte en toute impunité des lois contraires à la Constitution russe (qui, sur le papier, garantit en Russie un État strictement laïc). Promoteur d'une pratique de l'islam pour le moins archaïque, c'est quasiment la charia qui s'applique sur le territoire, mélangé à l'*adat*, ancien code de l'honneur tchétchène.

Les « crimes d'honneur », le port du voile et la polygamie y sont tolérés, sinon encouragés. On pourrait résumer la Tchétchénie à un « califat » au cœur de la Russie. Elle l'est en partie, mais la réalité est un peu plus complexe. Un nombre important de combattants ayant rejoint l'État islamique (EI) en Syrie viennent de Tchétchénie et d'autres régions du Caucase. Ils vouent une haine tenace à Kadyrov qu'ils estiment être un traître à la solde des infidèles. En mars 2017, des membres de l'EI attaquent une base de la garde nationale, tuant 6 soldats. Le 3 avril, 16 personnes meurent suite à un attentat à la bombe dans le métro de Saint-Pétersbourg. Le « bataillon Imam-Chamil », du nom d'un rebelle ayant combattu les armées tsaristes dans le Caucase, revendique l'acte.

De la même façon, des combattants indépendantistes tchétchènes luttent aux côtés des Ukrainiens, contre Poutine, mais surtout contre Kadyrov. Gageons que tous attendent l'heure de la vengeance. Pour les aider politiquement, la Verkhovna Rada (Parlement d'Ukraine) a voté une résolution reconnaissant l'indépendance de la République tchétchène (Itchkérie) et son état d'occupation temporaire par la Fédération de Russie. Un retour à l'envoyeur finement joué.

Vladimir sait qu'il peut compter sur cet exalté, en toutes circonstances, pour l'aider à combattre les islamistes de l'EI et leurs velléités d'attentats sur le sol russe, mais aussi parfois pour des opérations plus « délicates ». Le sale boulot. Le meurtre d'Anna Politkovskaïa est l'œuvre de Tchétchènes. Celui de Boris Nemtsov, opposant à Poutine, mitraillé près du Kremlin en février 2015, l'est également. La déclaration officielle du président russe qui suit montre que, peut-être, Kadyrov a fait preuve d'un peu trop de zèle : « Le meurtre de Boris Nemtsov en plein cœur de la capitale est une honte et une tragédie. » Il se dit que les rapports entre les deux hommes ont été quelque peu glacials dans les jours qui ont suivi l'assassinat.

Tout cela est du passé désormais. Depuis le début de l'« opération spéciale » en Ukraine, Kadyrov soutient les décisions de Poutine et met ses troupes à disposition. Une vidéo circule, le montrant entouré de ses hommes en uniforme noir, regards déterminés et barbes de rigueur devant son palais présidentiel. La caméra virevolte et recule pour s'envoler à l'aide d'un drone. Un véritable clip pour une armée « TikTok », du nom du réseau social préféré des adolescents. Ces soldats qui n'en sont pas vraiment – ils n'ont jamais combattu contre des troupes régulières, entraînées – se révèlent assez inefficaces sur le terrain. Leur fonction est tout autre : ils sont là pour effrayer et terroriser les populations civiles. C'est une guerre psychologique, Poutine se sert de leur réputation de sanguinaires comme d'une arme dissuasive.

Positionnés derrière les premières lignes engagées dans les combats, ils empêchent les soldats russes de se replier, le sale boulot encore une fois. Comme celui des bataillons de barrage du NKVD qui tiraient sur tout soldat qui reculait du temps où Staline avait lâché sa célèbre formule : « Pas un pas en arrière ! »

Kadyrov se voit néanmoins décoré, le 5 octobre 2022, jour de son anniversaire, du grade militaire de colonel-général. Quoi de mieux pour fêter cela que d'appeler à utiliser une arme nucléaire de faible intensité sur l'Ukraine ? Ou bien encore de promouvoir, une contradiction et une aberration totale, un « djihad russe » contre Kiev ?

Toutefois, des doutes subsistent sur cette décoration militaire de prestige. On ne trouve aucune trace d'une quelconque photo de Poutine lui remettant les épaulettes de général, ni aucun oukase sur le site officiel de la présidence de Russie. Il semble qu'au sein de l'état-major général des forces armées russes les dents commencent à grincer : une telle promotion serait considérée comme un affront par certains militaires plus expérimentés.

Ces critiques ouvertes dénonçant, début 2023, des décisions stratégiques sur le champ de bataille ne risquent pas d'arranger ses affaires.

Pire, en février 2023, Kadyrov disparaît des radars médiatiques. Dans son entourage, on parle d'un empoisonnement de son bras droit par une lettre portée par une estafette. Mauvais présage : cela vient-il de Poutine ou du FSB ? Le style, à ne pas se tromper, est celui de l'ex-KGB. Qui était réellement visé ? Les bruits sur la santé du potentat tchétchène vont bon train. On le retrouve avec le visage bouffi, doublé de volume, presque défiguré sur les dernières photos. Puis Poutine reçoit au Kremlin son fils aîné, Akhmad, âgé seulement de dix-sept ans. Prépare-t-on la succession du père, au Kremlin ?

Car, jusque-là, Ramzan Kadyrov était bel et bien un allié inconditionnel de Poutine, mais combien de temps tiendrait-il si son protecteur venait à disparaître ? Sans l'argent du Kremlin pour faire tenir son régime dictatorial, il y a fort à penser que ses Kadyrovtsy se chercheraient un nouveau maître.

Dans une sorte d'effet miroir, un autre personnage haut en couleur vient compléter ce tableau surprenant. Un jumeau diabolique, affidé à Poutine et tout aussi violent : Evguéni Prigojine.

Affublé d'un surnom tout droit sorti d'un mauvais film de mafieux, le « cuisinier de Poutine » vient de Saint-Pétersbourg, encore un !

Un étudiant studieux de l'école du crime, ce dès un très jeune âge. Pas encore vingt ans et déjà de la prison avec sursis, mais ça ne lui suffit pas et il monte en gamme : vol avec violence, proxénétisme sur mineur. C'est parti pour la condamnation à treize ans de prison, sur lesquels il en fera neuf derrière les barreaux.

Ramzan Kadyrov est passé à l'âge adulte sous les bombes et les combats contre l'armée russe avec les islamistes ; Evguéni, lui, a vécu dans un autre monde, mais tout aussi violent et régi par les mêmes codes. La loi du plus fort, l'absence d'empathie, le vice comme facteur essentiel de survie. Vous pensez les prisons françaises invivables et inhumaines ? Celles de l'URSS étaient un enfer sur terre : manque de nourriture, surpopulation carcérale, viols, tortures, meurtres, sida et tuberculose. Le terrain de jeu des organisations criminelles qui allaient essaimer partout sur la planète à la fin de l'ère soviétique, telles que les *vory y zakone* (les « voleurs dans la loi », titre de noblesse de la pègre russe) et autres *avtoritety* (« parrains »).

Le héros du jour a façonné son identité, ses valeurs, son rapport au monde dans cet environnement. Certains individus sont brisés par la prison, lui va démontrer, par son parcours, qu'elle l'a transformé en loup. Lorsqu'il retrouve la liberté, la société qu'il a connue est en train de vivre son crépuscule. L'Union soviétique se déchire, les privatisations massives ont libre cours ; c'est l'âge d'or pour certains, les plus rapides et les plus déterminés. Il commence par vendre des hot-dogs dans la rue.

Ironique, pour quelqu'un qui se revendique nationaliste, de devoir le début de son ascension à la vente d'un symbole de l'Amérique capitaliste. Les années 1990 à Saint-Pétersbourg sont marquées par l'explosion du banditisme, les règlements de comptes sont monnaie courante.

Tout naturellement, Evguéni prospère dans les commerces de « bouche », les supermarchés, les épiceries, la vente d'alcool, sans soucis majeurs. Pas de racket des concurrents ou de tentatives d'intimidation des forces de police corrompues sur ses commerces. Cela montre que, déjà à cette époque, il est craint et respecté par des hommes prêts à tout pour gagner de l'argent.

Un restaurant fréquenté par le « gratin », milieux d'affaires et voyous, une entreprise de livraison de plats cuisinés... il continue son ascension. Le premier million de dollars ne tarde pas à arriver, il y en aura beaucoup d'autres. C'est au New Island de Prigojine que le président Poutine recevra à dîner Jacques Chirac en 2001, puis George Bush Jr en 2002. C'est aussi là qu'il fêtera son anniversaire en 2003. Les liens se resserrent entre les deux hommes. Prigojine le millionnaire sert humblement et personnellement la table du président. Dans la pègre c'est la tradition : les barons s'inclinent et s'humilient devant le grand parrain. Cela flatte l'ego de l'ancien espion raté.

Evguéni a un appétit féroce. Il développe ses activités à Moscou, construit des appartements pour les nouveaux riches de sa ville natale, et commence à travailler avec les services de l'État russe. Le ministère de la Défense pour lequel il fournit des repas par milliers, des femmes de ménage, puis c'est la construction de nouvelles bases militaires, à Belgorod et Omsk. Il est désormais un prestataire de services fidèle. Les millions continuent de pleuvoir et se transforment en milliards de roubles.

Jusque-là on a affaire à un parcours certes particulier, mais comme il en existe des centaines, voire des milliers en Russie post-soviétique. Deux éléments clés donnent au personnage une autre dimension, le propulsant directement dans la catégorie des vrais méchants. Une usine à trolls et une agence de « chiens de guerre ».

Internet Research Agency (IRA) est créée en 2013. Des centaines d'employés, on en compte plus de mille en 2015, collés à des ordinateurs, douze heures par jour, avec rotation du personnel pour enchaîner douze heures supplémentaires. Du jamais-vu jusqu'à présent. Evguéni est un visionnaire. Internet occupait déjà une place importante dans nos vies en 2013, mais en quelques années c'est devenu une nouvelle part de nous-mêmes, de ce qui nous relie au monde et à l'information. Le job de ces « trolls », du nom d'une créature de la mythologie scandinave assez malfaisante, est de produire de la fausse information (*fake news*), des polémiques stériles, des articles à charge, des scandales et du kompromat et de les diffuser en masse sur Facebook, Twitter et autres réseaux sociaux. Ses cibles : les opposants à Poutine, l'Ukraine, les pays occidentaux dont les États-Unis.

Dès 2014, ils commencent à publier des nouvelles jugées souvent excessives, voire fausses : un début d'épidémie du virus Ebola à Atlanta, l'organisation d'une manifestation de « confédérés » au Texas via Facebook, une manifestation pro- et anti-islam…

Puis les premiers raids « virtuels » visant à discréditer Hillary Clinton et à appuyer le candidat Donald Trump se multiplient sur la Toile. Evguéni et derrière lui Poutine ont « leur » candidat, cela ne fait plus aucun doute. Mais jusqu'à quel point ces campagnes ont-elles influencé le vote ?

Une chose est sûre cependant, l'usine à trolls est là pour déstabiliser ses adversaires, même ceux qu'ils semblent « apprécier ». Ainsi créent-ils des faux groupes sur les réseaux sociaux, appelant à manifester contre Trump ou la police américaine et les « meurtres » d'Afro-Américains dont elle serait coupable.

Prigojine ne s'arrête pas en si bon chemin, il achète des médias, au sein d'une holding au nom qui prête à confusion : l'Agence fédérale des nouvelles (FAN). Cela viole directement la loi – aucune entreprise privée ne peut emprunter le statut fédéral, c'est de l'usurpation d'identité gouvernementale, un délit pénal. Pourtant ni le parquet général ni le Comité national d'enquêtes judiciaires ne bougent le petit doigt.

Il mène une guerre virtuelle au service de Vladimir Poutine, et finance la vraie sur différents théâtres d'opérations – Crimée, Donbass, Syrie, Libye, Afrique… Le nom de Wagner commence à faire parler de lui. Quand la société de mercenaires Wagner a-t-elle été créée et par qui ?

Cela reste assez flou. Un site d'information, The Bell, évoque le désir de plusieurs militaires de très haut rang de créer une « armée fantôme » qui pourrait opérer sans avoir à répondre légalement de ses actions sur le terrain. Evguéni Prigojine travaillait déjà pour l'armée, était richissime, il aurait été fortement encouragé à les aider. Son nom n'apparaît alors nulle part parmi les supposés fondateurs de l'agence. Les Russes n'ont pas inventé le concept de mercenaires ou d'armée privée, les fameux contractants... Dernière en date avant Wagner, la société américaine Blackwater, de triste mémoire, s'était déjà fait connaître en Irak durant les années 2000, et est réputée pour avoir la gâchette facile.

On parle d'un homme qui serait le chef, tout au moins opérationnel, de Wagner. Dmitri Outkine, ancien militaire passé par la GRU et fasciné par le nazisme. Il n'est qu'une vitrine, certes sulfureuse, mais une vitrine. Les services de renseignement ukrainiens du SBU interceptent plusieurs communications d'Outkine alors au Donbass en février 2015. Ses interlocuteurs : Oleg Ivannikov, officier de la GRU, et le colonel Troshev. Ce dernier est décoré de l'ordre du Héros de Russie en mars 2016 pour son rôle de commandant des « volontaires » en Syrie, en réalité les membres de Wagner. Sur la même photo, on retrouve également Dmitri Outkine décoré de l'ordre de la bravoure. Ils font le très sale boulot, comme les Kadyrovtsy tchétchènes. Autre avantage non négligeable, lorsqu'ils sont tués en opération ils n'apparaissent pas sur les chiffres officiels des pertes militaires russes.

Jusqu'alors l'implication d'Evguéni Prigojine dans le financement de l'agence était un secret de polichinelle mais quiconque la dénonçait était immédiatement accusé de diffamation et traîné devant un juge. Puis coup de tonnerre, à l'automne 2022, Prigojine fait son « coming out ». Il entre en violation de l'article 359 du Code pénal russe sur la création de milice privée, le mercenariat et la participation aux activités paramilitaires illégales. Il pourrait être poursuivi et condamné pour cela à une peine de huit ans de prison.

Tout s'enchaîne alors, il part recruter des nouveaux membres en prison pour aller se battre en Ukraine en échange d'une amnistie. En janvier 2023, 30 000 prisonniers auraient ainsi disparu des registres des autorités pénitentiaires. « Dans six mois vous serez de retour à la maison, graciés. Pour ceux qui viennent, et qui se diront à leur arrivée qu'ils ne sont pas à leur place [... ils] seront considérés comme déserteurs et exécutés. Vous avez cinq minutes pour vous décider », telle est la teneur du discours de Prigojine aux détenus de la colonie pénitentiaire n° 6 de Yoshkar-Ola, diffusé sur Internet en septembre 2022.

Les pertes humaines et les défaites semblent faire perdre la raison. C'en est fini des unités formées par d'anciens des forces spéciales, Spetsnaz d'élite, surentraînés, on passe aux criminels de droit commun sans « expérience ». Peut-être pense-t-il qu'un assassin en vaut bien un autre. Ou tout simplement il sait que ces nouvelles recrues sont destinées à devenir de la chair à canon dans une boucherie abominable.

Quelques noms, Andrei Berezhnykh dit « le vengeur » condamné pour une dizaine de meurtres à Saratov. Sergueï Maksimenko, chef du gang Olympia dans la ville de Penza. Racket, extorsion, meurtres, l'organisation s'est imposée sur les autres groupes criminels locaux par des méthodes qualifiées de très « vicieuses » par les autorités. Igor Kusk dit « l'Afghan » fonde un groupe criminel composé d'anciens militaires ayant combattu en Afghanistan. Des tueurs à gages. Tous les trois ont été tués en Ukraine. « Il a gardé son esprit audacieux », ainsi est décrit Maksimenko dans l'édito du journal *Moskvoskaya Street* consacré à son décès.

Encore plus horrible, en novembre 2022, l'exécution barbare d'un « employé » de Wagner à coups de masse et filmée tourne sur les réseaux sociaux. La victime, Evguéni Noujine, purgeait une peine de vingt-huit ans de prison pour meurtre.

En juillet 2022, un hélicoptère se pose dans la cour de la colonie pénitentiaire, Prigojine en descend et annonce à tous les prisonniers réunis que la mère patrie est en danger. On efface l'ardoise et vous venez vous battre.

Prigojine a-t-il le pouvoir d'accorder le pardon à des condamnés ? Absolument pas ! Selon l'article 89, alinéa 3 de la Constitution russe, seul le président a ce pouvoir. C'est donc Vladimir Poutine qui autorise des criminels condamnés, certains pour de très longues peines, à aller se battre en Ukraine. Comment se fait-il qu'il en délègue l'exécution à une entreprise privée ? Un détail.

Des centaines, voire des milliers d'assassins, de psychopathes et de violeurs lâchés en pleine guerre, bénéficiant d'une impunité totale, le terme de « chiens de guerre » associé aux mercenaires semble presque trop doux pour décrire de telles choses. Quatre-vingt-douze prisonniers acceptent le deal.

Noujine dont le job sur le champ de bataille est de récupérer les cadavres de soldats russes est très vite capturé près de Soledar. Dans une interview accordée au correspondant de guerre Bohdan Papadin, il affirme s'être rendu car il désirait rejoindre les rangs de la légion des volontaires étrangers ukrainiens contre Poutine. La vidéo est diffusée sur YouTube, il ne sait pas qu'il vient de signer son arrêt de mort.

Il est échangé, dans des conditions troubles, avec une quarantaine d'autres prisonniers de guerre. On dit que Prigojine a fait du chantage sur les Ukrainiens : « Vous me livrez Noujine, sinon j'exécute publiquement une vingtaine de vos soldats capturés chez nous. » Le 13 novembre 2022, une vidéo du meurtre intitulée « Le marteau de la vengeance » est diffusée sur une chaîne Telegram du groupe Wagner. Le lendemain de la diffusion, le service de presse de Wagner souligne « l'excellent travail de réalisation » de la vidéo et ajoute qu'un titre plus approprié aurait été « Une mort de chien pour un chien ».

En principe le parquet et le Comité national d'enquêtes auraient dû ouvrir une information judiciaire pour assassinat public par un groupe organisé, à nouveau ce fut un silence radio de la justice russe. Prigojine comprend l'imprudence commise et contacte le parquet militaire ; pour se dédouaner, il affirme que Noujine était un espion de la CIA et qu'il aurait été exécuté par les services américains.

Fin novembre, les services postaux de l'Union européenne à Bruxelles reçoivent un bien étrange colis. Un étui à violon. À l'intérieur une masse, recouverte de faux sang et siglée du logo de Wagner. Le groupe vient d'être ajouté à la liste des organisations terroristes par les parlementaires européens.

Prigojine commence à poser problème à Poutine. À partir de l'été 2022, il prend une place importante dans l'espace public russe et une dimension clairement politique à travers un certain nombre de coups d'éclat.

Il se permet d'insulter les plus hauts militaires du pays, le ministre Choïgou et le chef d'état-major, le général Guérassimov, ainsi que plusieurs généraux de carrière. Les tensions, que dis-je, les guerres internes, sont permanentes entre l'état-major et le boss de Wagner, qui n'hésite pas à qualifier de « trahison de la patrie » les ordres qui seraient donnés de ne pas pourvoir ses mercenaires en munitions.

Il se moque de Dmitri Medvédev et de ses pronostics pour l'année 2023 qu'il qualifie de « fantaisies érotiques ». Il rejette avec un mépris non dissimulé une offre du Parti libéral-démocrate (d'extrême droite), de feu Vladimir Jirinovski, qui se cherchait un nouveau chef. L'annonce de la formation par Prigojine d'un nouveau parti politique en compagnie des frères Kovaltchouk, des proches de Poutine, démentie par les intéressés, ne laisse aucun doute sur ses velléités politiques. Il s'en prend au gouverneur de Saint-Pétersbourg Alexandre Beglov (un autre proche de Poutine) qu'il accuse d'être un voleur en demandant au parquet général d'ouvrir une enquête criminelle contre lui. Il « copie » Vladimir Poutine en effectuant un vol à bord d'un bombardier Su-24 sur le front de Bakhmout et provoque le président ukrainien Volodymyr Zélensky en « duel » aérien.

Prigojine ne tenterait-il pas ainsi de s'attirer les faveurs de l'électorat patriotique, très important en

Russie ? L'homme d'action, de terrain, n'hésitant pas à se rendre sur le champ de bataille.

En 2000, Poutine avait voulu jouer sur le registre populaire, voire vulgaire, avec succès. Mais il ne faisait qu'imiter le langage et les habitudes de la pègre, tout le monde savait qu'il était un officier de carrière du KGB, un fonctionnaire. Il en va différemment pour Prigojine, lui n'a pas besoin de jouer un rôle, il est authentique.

Le président russe passe son temps dans les bunkers et évite soigneusement le moindre contact avec la foule. Il n'est jamais allé sur le front ukrainien. Son seul déplacement dans la région, sur le pont de Kertch, à quelque 200 kilomètres des champs de bataille, semble bien fugace. Le tsar est prudent !

Dans la perspective des élections présidentielles de 2024, Poutine va perdre de plus en plus de son aura, son vieillissement est inéluctable, ses maladies cachées vont se révéler de plus en plus visibles. Prigojine peut devenir un concurrent redoutable. Comme au sein d'une meute de loups, le mâle alpha qui domine le groupe est constamment testé par les plus jeunes, jusqu'au jour où, affaibli, il est éliminé.

Je pense que c'est la raison pour laquelle Poutine l'a obligé à sortir du bois en commettant publiquement toutes ces imprudences et en faisant son « coming out » au sujet de Wagner – une sorte de pacte de sang avec le diable. Ainsi il contrôle désormais Prigojine qui pourrait avoir à répondre de ses actes devant la justice s'il se décidait à trahir ou tout simplement à prendre ses distances avec Poutine, seul capable de le protéger.

Comme par enchantement une vidéo apparaît sur

les réseaux sociaux. Un initié y raconte qu'en prison le jeune Prigojine a appartenu à la plus basse caste des « abaissés », un esclave sexuel destiné aux chefs de clans mafieux incarcérés.

Pour le moment ce kompromat ne semble pas avoir terni l'image d'Evguéni. Mais la concurrence devient de plus en plus rude. Les militaires de Choïgou et de Guérassimov ont supprimé les approvisionnements en munitions à cette petite armée privée qu'est Wagner. Prigojine a voulu se plaindre à Poutine ? On lui a coupé tous ses téléphones spéciaux et on a invalidé ses laissez-passer ministériels. Alors il s'est adressé au peuple directement depuis le front et le message est clair : « Je ne me laisserai pas faire ! » Prigojine est-il en train de se construire un destin ? Pour la prochaine présidentielle ? Le Kremlin le laissera-t-il continuer à prendre de plus en plus de poids ? Y aura-t-il un cadavre de plus dans la longue liste ?

Qui des « jeunes » loups, Kadyrov, l'émir du Caucase, ou Prigojine, le cuisinier de Poutine, va achever le vieux lion du Kremlin et sa vieille garde du KGB ? Personne à ce jour n'a de réponse.

18

Ce que peuvent faire les autres puissances nucléaires

Nous avons parlé des forces russes, et pour cause, mais il me semble intéressant de faire un survol des autres puissances nucléaires et, pour certaines, des problématiques que cela pourrait engendrer.

Les nazis auraient pu gagner la guerre, ils travaillaient sur un projet de bombe atomique, mais le débarquement allié, en 1944, les a pris de court. Depuis plus de soixante-dix ans, historiens et chercheurs se déchirent autour du sujet. La vérité, nous n'en savons pas grand-chose.

Le Prix Nobel de physique Werner Heisenberg effectuait bien des recherches sur le nucléaire civil, un programme de développement du nucléaire militaire aurait été abandonné, car beaucoup trop coûteux, et des centaines de chercheurs ultra-qualifiés, de confession juive, avaient fui l'Allemagne pour les États-Unis. On allait les retrouver plus tard sur le projet Manhattan…

Pour ce qui est des armes conventionnelles, les missiles notamment, les nazis étaient clairement en avance grâce à deux noms, le général Hans Kammler et Wernher von Braun. Deux savants, hauts gradés SS. Le premier, affublé du surnom de « Diabolique », dirige le projet de missiles supersoniques V2, qui vont s'abattre sur l'Angleterre à l'automne 1944. Kammler est aussi l'homme qui avait élaboré les plans des fours crématoires du camp d'Auschwitz. A-t-il été arrêté et condamné pour crime contre l'humanité à la fin de la guerre ?

Il fait partie des scientifiques allemands, environ mille cinq cents, qui vont disparaître dans la nature à la faveur de l'opération *Paperclip*. Les services secrets américains récupèrent leurs savoir-faire, leurs plans, en échange d'une nouvelle vie. Et empêchent les Soviétiques d'en faire autant.

Wernher von Braun, qui travaille aussi sur le V2, s'installe aux États-Unis, dirige une équipe chargée de concevoir des missiles balistiques. Il intègre par la suite une agence gouvernementale qui deviendra la NASA.

Morale et intérêts économiques ou militaires ne font pas bon ménage en ce bas monde.

Poutine adore rappeler au monde que les Américains sont les seuls à avoir utilisé l'arme nucléaire, sous-entendant que la Russie n'aurait jamais fait une telle chose.

Lors de la conférence de Potsdam, en juillet 1945, Churchill, Staline et Truman se réunissent. Ce sera le coup d'envoi de la guerre froide.

Le président américain s'apprête à larguer les bombes sur Hiroshima et Nagasaki, il fait part de ses intentions au « Petit Père des peuples ». Celui-ci se déclare « heureux d'apprendre la nouvelle » et

« espère que les Américains agiront promptement ». Truman semble déçu du peu d'étonnement de Staline. Il ne sait pas que le généralissime, grâce à son service d'espionnage, en savait pratiquement autant sur le projet américain Manhattan que le président des États-Unis. Les Soviétiques ne sont pas en reste, et préparent tranquillement dans leur coin leur propre bombe nucléaire en utilisant les secrets volés aux Américains et aux Britanniques.

La France et le Royaume-Uni entrent dans la danse, puis c'est au tour de la Chine.

La dissuasion, puis les traités de non-prolifération et l'interdiction des essais en 1996 suivront. Concernant les doctrines nucléaires, tous les pays qui adhèrent au traité de non-prolifération, hormis la Russie, partagent la même vision : ne pas ouvrir la boîte de Pandore.

Et les autres pays ?

On parle beaucoup de la Corée du Nord, seul pays doté à encore effectuer des essais « réels », tandis que les autres nations font désormais appel aux supercalculateurs qui simulent tout sur ordinateur. Un petit retour en arrière s'impose car ce pays a bien failli être le théâtre d'un nouvel Hiroshima.

Fin 1950, la guerre fait rage. Le Nord, aidé par des troupes chinoises, gagne du terrain vers le Sud. L'enjeu est énorme, le pays pourrait tomber aux mains des communistes.

Le président Truman et le général MacArthur, qui dirige les opérations militaires au Sud, évoquent à plusieurs reprises l'emploi de la bombe atomique jusqu'à la fin du conflit en 1953.

MacArthur réclame d'utiliser de telles armes à sa discrétion, il souhaite un D-Day atomique et créer une zone radioactive entre le Nord et le Sud… rien que ça…

Deux cents bombardiers russes sont positionnés en Mandchourie, prêts à cibler les bases américaines au Japon, l'armée chinoise commence à s'amasser à la frontière coréenne. De leur côté, les B-29 américains chargés de têtes nucléaires sont mis en alerte.

Harry Truman, sentant peut-être que la troisième guerre mondiale se rapproche à grands pas, décide au printemps 1951 de se passer des services du général MacArthur, qui semble grisé et impatient d'utiliser ses nouvelles armes. L'état-major américain n'en évacue pas totalement pour autant la possibilité d'avoir recours au nucléaire, mais uniquement sous forme d'arme tactique, directement sur le champ de bataille.

Au lieu de cela, ils bombardent allègrement villes et villages avec du napalm… Cette guerre épouvantable coûtera la vie à 3 millions de personnes et aurait très bien pu se transformer en guerre atomique.

Durant la seconde moitié des années 1960, la République populaire démocratique de Corée aurait commencé à développer le nucléaire civil avec l'aide de l'URSS. La première bombe est créée en 1985, d'autres suivent.

En 2002, George Bush Jr fait entrer la Corée du Nord dans le club privé des pays de « l'axe du mal ». L'année suivante, le sympathique Kim Jong-il reconnaît officiellement que son pays possède l'arme atomique et qu'il va booster les programmes de recherche nucléaire.

Lors du deuxième essai réel en 2009, ses « alliés » russe et chinois se joignent aux autres pays dotés pour condamner un tel acte.

D'autres essais suivront…

Impossible de savoir combien d'ogives nucléaires les Nord-Coréens possèdent, on les estime entre 20 à 30 – avec 25 % du budget national dédié à l'armée, environ 10 milliards de dollars, ce chiffre semble réaliste.

En septembre 2022, boosté par la rhétorique de Poutine, la doctrine nucléaire de la République évolue, des « frappes préventives pourraient être déclenchées automatiquement et immédiatement afin d'anéantir des forces hostiles ».

Concernant l'Inde et le Pakistan, une série d'événements résume tout de leur rapport, un face-à-face constant, et potentiellement très dangereux pour l'humanité.

En 1947, c'est la fin de l'Inde britannique où sont créés dans la douleur deux États, l'Inde à majorité hindoue et le Pakistan musulman. Entre les deux, la province du Cachemire, source permanente de conflits meurtriers. Leur Donbass en quelque sorte…

C'est la guerre du Pakistan-Oriental en 1971, appelé désormais le Bangladesh, qui pousse le Pakistan à développer le nucléaire militaire.

En mai 1998, le Pakistan procède à six essais nucléaires, quinze jours après que l'Inde a réalisé les siens. Pour les Pakistanais, l'utilisation de la bombe

« islamique » comme ils la décrivent n'est pas orientée vers la dissuasion. Ils se donnent le droit de l'utiliser contre l'Inde en cas de forte occupation de leur territoire, d'une forte destruction de leurs forces militaires, d'un étranglement de l'économie ou de déstabilisation du pays. Nous sommes clairement dans l'escalade et dans l'arme d'emploi plus que de dissuasion.

Lors d'un discours devant l'ONU, le Premier ministre pakistanais avait un peu refroidi l'ambiance en parlant ainsi : « Que doit faire un pays sept fois plus petit que son voisin et devant choisir entre la reddition ou le conflit jusqu'à la mort ? »

Cela nous rappelle les paroles de Poutine au sujet d'un monde sans la Russie qui perdrait alors tout son sens.

On estime leur arsenal nucléaire à environ 300 ogives, contre 130 pour l'Inde, qui dispose de moyens conventionnels autrement plus importants, mais qui doit aussi gérer sa proximité géographique avec la Chine.

Les deux pays ne sont pas signataires des traités de non-prolifération qu'ils considèrent comme une forme d'« apartheid nucléaire ».

On rappellera que les tensions religieuses sont très importantes entre hindous et musulmans, et que le Pakistan sert de base arrière aux organisations djihadistes, avec l'aide des services secrets.

C'est près de la capitale pakistanaise, Islamabad, que les forces spéciales américaines éliminent Oussama ben Laden en 2011.

Les services secrets pakistanais tout-puissants (ISI) n'hésitent pas à utiliser les groupes terroristes pour tenter de déstabiliser leur voisin indien régulièrement.

Que se passerait-il si des islamistes arrivaient à déclencher une attaque nucléaire contre l'Inde qui répliquerait à son tour ? Ce serait une catastrophe mondiale qui mettrait en péril la vie de 2 milliards de personnes, selon des chercheurs qui se sont penchés sur les changements climatiques que cela engendrerait.

En revanche, il faut bien reconnaître que les armes nucléaires ont joué jusqu'à maintenant leur rôle de dissuasion entre l'Inde et le Pakistan.

« Je recommande à nos ennemis de ne pas sous-estimer nos capacités militaires, qu'elles soient visibles ou dissimulées », Shimon Peres, 2012.

C'est avec l'aide des Français que les Israéliens ont pu créer leur bombe atomique en 1967. Tous les experts savent pertinemment qu'ils la possèdent, mais ils laissent planer l'ambiguïté à dessein. Entourés d'ennemis qui ne rêvent que d'une chose – les pulvériser –, leurs dirigeants préfèrent avancer masqués. Ils possèderaient entre 100 et 200 ogives nucléaires.

Surveillées de près par Israël, les recherches de la République islamique se poursuivent depuis plusieurs dizaines d'années. On parle d'un « état du seuil », c'est-à-dire qu'ils arrivent à produire de l'uranium enrichi dans les normes à 60 %, mais il faut atteindre les 90 % pour créer une bombe nucléaire. Cela prend du temps, mais ils peuvent y arriver. Il reste que les Israéliens ont réussi à retarder ce moment de vérité en liquidant peu à peu le premier cercle des chercheurs iraniens qui pilotent le projet nucléaire !

Fin février 2023, l'Agence internationale de l'énergie atomique annonce que son système de contrôle vient de détecter de l'uranium enrichi à 84 %. Une enquête est en cours. Mais il apparaît que l'Iran veut toujours sa bombe.

Alliés des Russes, pour lesquels ils fabriquent les fameux drones Shahed qui volent déjà dans le ciel ukrainien, nul doute que les membres de l'actuel gouvernement seront bien conseillés...

Tous ces exemples démontrent que la communauté internationale a été incapable de contenir la prolifération nucléaire. Et que nous vivons désormais, tous, sur un volcan.

19

Le monde est un volcan !

Je le répète à longueur de pages, d'interviews et d'interventions télévisées, et ce depuis bien longtemps : l'agression russe en Ukraine n'est pas qu'un simple affrontement militaire local. C'est tout l'équilibre géopolitique mondial qui se retrouve désormais profondément bouleversé à cause de la décision suicidaire de Poutine.

Le parallèle avec la guerre de Corée en 1950-1953 semble évident. Les deux grands blocs idéologiques, les États-Unis et l'URSS, se livrent alors une guerre par substitution. Le spectre d'Hiroshima est encore très présent dans les esprits, nous ne sommes que cinq ans plus tard, et la tentation de recourir à l'arme atomique est très grande. Il s'en est fallu de peu pour que ce face-à-face ne se transforme en guerre mondiale.

Nous vivons désormais avec cette menace constante d'un embrasement généralisé.

Nous devons aussi admettre que l'Organisation des Nations unies est totalement impuissante en temps de crise. La symbolique est belle, les discours prononcés parviennent parfois – rarement – à toucher l'opinion publique, mais ça s'arrête là. Ils peuvent dépêcher, après moult tergiversations, en zone de guerre des pays de second rang, des Casques bleus qui ont le statut d'observateurs ou, au mieux, de tampons entre les belligérants… Mais tout ça ne va pas très loin. C'est un peu cynique mais, hélas, vrai.

Vladimir Poutine aura été le révélateur de ce système.

Nous avons là un pays, la Russie, qui possède l'arme atomique et qui est membre fondateur de l'ONU (c'est une imposture mais j'y reviendrai), membre permanent du Conseil de sécurité, et doté du droit de veto. Carton plein, il agresse un autre pays, et vote contre les sanctions à son encontre.

Les résolutions votées résonnent comme de vaines mises en garde.

En février 2022, la Russie bloque par son veto la résolution au Conseil de sécurité. Alors l'assemblée générale extraordinaire de l'ONU, contournant le veto russe au Conseil de sécurité, vote le mois suivant la résolution exigeant l'arrêt de l'emploi de la force et le retrait immédiat, complet et sans conditions des forces militaires russes de l'Ukraine.

141 pays ont signé la résolution, 5 ont voté contre, et 35 se sont abstenus…

Cela a-t-il eu un effet concret sur le conflit ?

En octobre de la même année, une résolution est adoptée pour condamner l'organisation de référendums illégaux dans des régions situées à l'intérieur des frontières internationalement reconnues de l'Ukraine.

143 pays ont signé la résolution, 5 ont voté contre, et 35 se sont abstenus.

Le droit international, la morale, l'humanité n'ont toujours pas trouvé de cadre ayant une réelle force coercitive.

Dès la création de l'ONU en 1945, les républiques d'Ukraine et de Biélorussie en deviennent membres à part entière, et l'URSS quant à elle est membre fondateur.

À la dislocation de l'URSS en 1991, la Russie récupère de facto le siège laissé vacant. Sauf que… la Russie n'était qu'une des treize républiques de l'Union soviétique. Et elle a tout simplement décidé de piquer la place de l'ensemble, sans passer par la procédure d'admission, comme l'ont fait les douze autres États souverains nés des cendres de l'URSS disparue. Ce qui fait que formellement et juridiquement, la Russie n'a jamais été admise en tant que membre de plein droit à l'ONU. Et donc qu'elle occupe illégalement le siège de l'ex-Union soviétique.

Déjà, en 2008, lors de l'agression de la Géorgie par la Russie, personne n'a vraiment bougé, craignant que le conflit ne dégénère en une guerre mondiale… Quinze ans plus tard, voici le résultat.

Le conflit au Donbass ? Des séparatistes locaux ukrainiens russophones qui veulent leur indépendance vis-à-vis de Kiev ? Absolument pas ! Des soldats russes, « déguisés », entrent sur le sol ukrainien, comment appelle-t-on cela ? « Non, non, ce ne sont pas des soldats de Poutine, ce sont des patriotes qui défendent les populations russophones des régions de l'est de l'Ukraine. »

Prenons l'exemple d'Igor Guirkine. Ce colonel du

FSB, sans aucune attache au Donbass, débarque de Moscou, organise une milice avec les bandits locaux à l'aide desquels il s'empare de la ville de Sloviansk en avril 2014. Puis il s'autoproclame ministre de la Défense de la République populaire de Donetsk. Sûrement une initiative individuelle ?

Face à cette agression du territoire souverain de l'Ukraine, que s'est-il passé ?

Les fameux « accords » de Minsk, où l'Allemagne représentée par Angela Merkel et la France par François Hollande, ne peuvent et surtout ne veulent rien résoudre, mais au moins calmer l'agresseur – la Russie de Poutine, partenaire commercial important, en particulier pour l'Allemagne. Ils font pression sur Petro Porochenko, alors président ukrainien, sorti des urnes après la fuite honteuse de Ianoukovitch en Russie, afin qu'il avale une bien amère pilule. Un gel du conflit, on ne résout rien, on fait comme si... Hollande, il faut le reconnaître, s'oppose à la livraison de deux frégates françaises à la Russie, cadeau infâme de Sarkozy promis à Poutine. Mais les Allemands continuent de commercer avec l'agresseur, et à construire le Nord Stream 2, comme si de rien n'était.

Tout est différent maintenant, les vieux antagonismes se sont réveillés, le pouvoir poutinien, qui n'a toujours pas digéré la dislocation de l'URSS, a faim, de pouvoir et de territoires, il ne va pas s'arrêter en si bon chemin.

Contrairement à la Géorgie en 2008 ou à la Crimée en 2014, le plan russe ne s'est pas tout à fait déroulé comme prévu, pas de *Blitzkrieg*, et les Occidentaux en ont été les premiers surpris. L'Ukraine s'est révoltée, et il a bien fallu l'aider matériellement. Les discours et les coups de téléphone de Macron n'auront pas servi à grand-chose lorsque les gens meurent sous les bombes.

Nous rêvions d'une Europe soudée et proactive, Poutine nous l'a en quelque sorte offerte.

Des nations historiquement neutres, telles la Finlande et la Suède, ont déposé leurs demandes officielles d'adhésion à l'OTAN : incroyable d'imaginer cela il y a seulement quelques années.

Le brouillard se dissipe peu à peu, les camps se dessinent de façon plus nette, mais des zones grises demeurent, inhérentes à la géopolitique qui se rit de la morale. L'Allemagne qui dépendait de la Russie pour l'énergie se retrouve face à ses contradictions et à des choix stratégiques plus que discutables. Chaque jour qui passe nous réserve son lot de surprises quant à l'infiltration du pouvoir russe dans les affaires allemandes.

Les pays africains et latino-américains préfèrent rester sur le bord du terrain en attendant de voir qui va l'emporter. S'il existe une certaine proximité idéologique anti-impérialisme américain, comme au Venezuela ou au Brésil, les problématiques d'approvisionnement des céréales restent un sujet d'inquiétude majeur pour nombre de ces pays. Rappelons que l'Ukraine et la Russie fournissent plus de 30 % du blé mondial, et l'Égypte, à titre d'exemple, en importe 80 % de ses besoins.

La Chine et l'Inde, partenaires réguliers de la Russie, tentent de maintenir un équilibre bien fragile.

Garder les liens économiques avec Poutine intacts tout en évitant de se mettre à dos l'Occident. Voire profiter de la conjoncture avantageuse : la Russie bannie par l'Occident brade ses matières premières à des prix défiant toute concurrence à tous ceux qui la sortent de l'embargo occidental.

Le pouvoir chinois observe avec beaucoup d'intérêt l'évolution du conflit et les réactions de l'Ouest. Ses vues sur Taïwan y sont peut-être pour quelque chose. Pile, une Russie affaiblie a permis d'ores et déjà à la Chine de gagner en puissance, en Asie centrale, et elle pourrait par ailleurs potentiellement récupérer ses anciens territoires en Sibérie et en Extrême-Orient, sans grande difficulté au vu de l'indéniable supériorité militaire chinoise. Face, une Russie « victorieuse » renforcerait le camp anti-américain, et donc les Chinois.

La Turquie baigne aussi allègrement dans la zone grise. Membre de l'OTAN, elle joue les intermédiaires ambigus entre les deux camps, continue de faire du commerce avec la Russie, et met la pression sur l'Europe pour avancer ses propres pions. La présence en Suède de dizaines de milliers de réfugiés kurdes, dont des membres du PKK considérés comme des terroristes par Ankara, agace profondément Recep Tayyip Erdogan qui fait des pieds et des mains pour empêcher le pays d'entrer dans l'OTAN. La Turquie a aussi des visions expansionnistes en Asie centrale turcophone et dans les républiques autonomes turcophones de la Fédération de Russie.

Tout comme la Chine qui aimerait bien profiter de cette période d'instabilité mondiale pour croquer Taïwan, Erdogan réactive les tensions au Haut-Karabakh contre son vieil ennemi l'Arménie.

L'Iran en profite également pour faire pression sur un Poutine affaibli pour obtenir de lui une aide économique dans un climat interne de plus en plus compliqué mais aussi pour avancer plus rapidement dans son programme nucléaire militaire.

La milice Wagner avance ses pions en Afrique centrale en repoussant la France du peu de territoires où elle était encore en présence, après le déclin de la « belle époque » postcoloniale de la Françafrique. Poutine veut récupérer tous les régimes autocratiques et corrompus avec leurs richesses naturelles contre la protection des tyrans par ces mercenaires.

Il n'est pas un domaine où la « petite » guerre entre la Russie et l'Ukraine n'affecte profondément les équilibres économiques, politiques et militaires de notre vieille planète Terre. Sans oublier le chantage nucléaire permanent et ignoble de Poutine. Et la question que tout le monde se pose. Pas un jour ne passe sans que des personnes, qui me croisent, me demandent : « Va-t-il le faire ? »

Les résolutions votées résonnent comme des lettres mortes.

Ainsi que nous l'avons rappelé, à la suite du blocage par les Russes, en février 2022, l'assemblée générale extraordinaire de l'ONU, contournant leur veto au Conseil de sécurité, a voté la résolution exigeant l'arrêt de l'emploi de la force et le retrait immédiat, complet et sans conditions des forces militaires russes de l'Ukraine.

141 pays ont signé la résolution, 5 ont voté contre, et 35 se sont abstenus...

Un an après l'invasion de l'Ukraine par la Russie, l'Assemblée générale des Nations unies a adopté jeudi 23 février 2023 une nouvelle résolution réitérant l'exigence du retrait des forces russes d'Ukraine (141 voix pour, 7 contre et 32 abstentions). Dans sa résolution, l'Assemblée générale souligne « la nécessité de parvenir, dans les meilleurs délais, à une paix globale, juste et durable en Ukraine, conformément aux principes de la Charte des Nations unies ».

En pratique, ces avertissements ont-ils été écoutés ?

20

Le point de non-retour, scénario d'une frappe nucléaire

« S'il n'en a pas l'intention, pourquoi en parle-t-il autant ? »

Même le président américain, Joe Biden, lâche avec un mépris non dissimulé cette phrase en octobre 2022. Une manière polie de dire que Vladimir Poutine commence à lasser avec sa menace régulière de larguer une bombe atomique toutes les semaines. Dans les cas de menaces d'homicide, ou de suicide, les psychologues ont établi que de telles paroles, répétées à l'envi, sont en soi sources de satisfaction des pulsions agressives de l'individu qui les profère. Je ne tirerai aucune conclusion sur le cas Poutine, je suis un ancien espion, pas un disciple de Freud.

Et si donc... imaginons les différents scénarios qui pourraient se produire...

Car tout peut arriver, même le pire hélas désormais.

La version 1 est une uchronie, une réécriture de l'histoire. Au cinéma, Quentin Tarantino est un grand amateur du style ; dans *Inglourious Basterds*, il fait mitrailler et brûler vif Adolf Hitler et Joseph Goebbels dans un cinéma parisien.

J'étais persuadé que Poutine donnerait l'ordre d'une frappe nucléaire tactique quelques semaines après le début des hostilités. L'offensive qui devait permettre de plier le jeu en trois jours avait échoué, et les Occidentaux commençaient à peine à s'organiser pour aider militairement l'Ukraine.

S'il avait frappé à ce moment-là, il créait un effet de choc énorme. En acquérant un avantage tactique par effet de surprise.

En prenant les Ukrainiens de court, il mettait en œuvre l'un des points de la doctrine nucléaire russe : accélérer la fin d'un conflit et forcer l'adversaire à la capitulation. Ce qu'ils appellent la désescalade par l'escalade.

L'Ukraine tombait aux mains des Russes, les Européens et Américains sonnés auraient fait jouer la carte diplomatique, les sanctions, les accusations. Mais auraient-ils décidé de répondre militairement à la Russie ? Absolument pas, j'en suis sûr. Comme en 2008 avec la Géorgie ou en 2014 avec la Crimée et le Donbass.

Au lieu de cela, il a continué à brandir son arsenal atomique jusqu'à l'écœurement, et l'opinion publique, terrorisée les premiers temps, est presque blasée devant ses coups de pression répétés. De leur côté, les états-majors occidentaux ont commencé à étudier sérieusement toutes les options possibles en cas de frappe.

Graduons en intensité les différents cas d'utilisation de l'arme nucléaire.

Depuis la signature du TICE (traité d'interdiction complète des essais nucléaires) en 1996, il est interdit aux nations de tester les bombes, comme les Français le faisaient sur l'atoll de Mururoa. Depuis cette date, seule la Corée du Nord aurait réalisé de tels essais.

Poutine violerait le traité, mais en a-t-il quelque chose à faire ? J'en doute.

En octobre 2022, en tout cas, des images satellites révélaient l'existence d'un convoi ferroviaire de la division nucléaire de l'armée qui se dirigeait vers la frontière ukrainienne. Puis plus rien…

Le cap est franchi, une frappe sur le sol ukrainien, l'île des Serpents en mer Noire, par exemple. On se rappelle la prise de ce caillou par les Russes, puis leur retrait, le premier d'une longue série. Une petite charge sur cette bande de terre de 600 mètres de long sur 40 de large située dans la mer Noire causerait peu de dégâts, mais pourrait sans nul doute montrer au monde que la Russie est désormais prête à passer à l'étape supérieure. Je considère ce scénario comme tout à fait plausible. Une attaque nucléaire sur un pays non doté est une violation très grave des traités internationaux, mais comment réagiraient l'Occident et l'OTAN ? Plus d'appui militaire pour l'Ukraine, de matériels, certainement.

Mais je pense que l'Ouest tenterait encore de freiner son implication directe dans le conflit, pas de frappes de l'OTAN sur des cibles russes en Russie ni de troupes occidentales sur le sol ukrainien.

Bien qu'improbable, ce scénario doit être envisagé, hélas.

Une frappe tactique sur une ville ukrainienne moyenne en province, pas Kiev la capitale. À l'instar des Américains qui avaient choisi de ne pas toucher Tokyo à dessein, afin que le gouvernement japonais ait la possibilité de capituler par la voix de l'empereur Hirohito. Les Russes pourraient cibler Kherson ou Mykolaïv. Kherson, au Donbass, prise par les Russes puis reconquise par les Ukrainiens, une humiliation cinglante. Mykolaïv, sur la mer Noire, des chantiers navals, régulièrement bombardée, résiste encore.

Pour ce scénario on passe directement au crime de guerre : une ville entièrement réduite au néant, des dizaines de milliers de victimes civiles, sans parler des retombées radioactives et de l'opinion publique mondiale traumatisée. Poutine perd immédiatement ses soutiens internationaux, la Chine et l'Inde condamnent unanimement, et sans réserve, l'acte atroce, il ne lui reste guère que la Corée du Nord comme allié.

Pour les Européens et les Américains, plus le choix, il faut agir et vite.

Deux options : des frappes sur des cibles militaires sur le sol russe, qui déclencheraient un conflit mondial, ou frapper les unités russes présentes sur le sol ukrainien. Je penche pour la seconde option. Les F-16 stationnés dans les bases de l'OTAN en Europe décollent et bombardent toutes les positions russes, des missiles tactiques armés de têtes conventionnelles détruisent en quelques dizaines de minutes la flotte militaire russe, environ 16 navires, présente sur la mer Noire.

Une réponse rapide, ferme, mais avec des moyens

conventionnels pour renverser le rapport de force avec Poutine. Le signal donné est sans équivoque : « Tu as franchi la ligne rouge, tu es un paria et nous sommes désormais prêts à te détruire, à toi de choisir quelle fin tu désires. » Cette option nous laisserait une dernière chance, fragile j'en conviens mais possible, de ne pas entrer dans une guerre mondiale.

J'insiste particulièrement sur le paramètre d'une réponse rapide de l'OTAN.

L'Ukraine et son peuple, meurtris par une frappe nucléaire, auraient sûrement d'autres objectifs en tête si l'Occident réagissait trop lentement. « Œil pour œil. » La raison n'aurait plus de droit de cité, la soif de vengeance serait la grande gagnante. C'est là où les risques d'escalade seraient les plus importants. Des frappes ukrainiennes massives sur le territoire russe à proximité de la frontière, cibles civiles ou militaires, la loi du talion implacable et irréversible. La ville de Belgorod est à 80 kilomètres de la frontière, à portée des lance-roquettes HIMARS.

J'aurais bien peur que ce ne soit l'étincelle ultime avant le grand embrasement.

Imaginons le pire maintenant. Il est désormais admis de façon unanime qu'avec Poutine tout peut arriver.

Les troupes russes sont repoussées vers la frontière. Les nombreuses armes dont l'Ukraine dispose désormais, suite aux aides des pays occidentaux, lui permettent d'infliger des revers importants au contingent des nouveaux appelés. L'agression de l'ancien petit frère se transforme en tir au pigeon.

À l'intérieur de la Russie, la société se fracture, des manifestations éclatent partout dans le pays. Les milliers de mères ayant perdu leurs fils deviennent ingérables, les arrestations systématiques ne suffisent plus à masquer les divisions irréconciliables de la société civile.

Le duo Kadyrov-Prigojine devient incontrôlable. Profitant des défaites russes qu'ils attribuent directement à Guérassimov et Choïgou, ils multiplient les critiques violentes envers l'état-major général sur le champ de bataille ; leurs troupes, mélange hétéroclite de combattants islamistes à peine déguisés, de mercenaires cyniques et de prisonniers de droit commun libérés en échange de l'annulation de leurs peines, multiplient les exactions sur les populations civiles.

Les *siloviki* de Poutine et leurs pantins télévisés réclament l'Armageddon tous les soirs à 20 h 30 sur la première chaîne, tandis que des chanteurs ringards fantasment à longueur d'émissions sur la destruction de l'Occident, le tout accompagné par des mélodies poussives et les danses de starlettes botoxées.

Les zombies du public, tout sourire, applaudissent. Humanité degré zéro.

Acculé, sentant qu'il est en train de perdre « sa » guerre, Poutine ordonne à son attaché permanent d'ouvrir l'accès à la valise nucléaire. Il entre les codes d'activation. Le ministre de la Défense Choïgou et le général Guérassimov font de même. La cible est désignée au général Sourovikine : Kiev.

Moins de cinq minutes plus tard, Kiev est rayée de la carte. Un champignon nucléaire s'élève dans le ciel, dans l'heure qui suit les forces de l'OTAN sont mises en état d'alerte, c'est la fin.

Mais…

Je suis persuadé qu'il ne visera pas Kiev au moyen d'une arme nucléaire.

Dès l'instant où il liquiderait le président Zélensky, Poutine créerait le martyr ultime et signerait sa fin. Zélensky est devenu l'homme le plus connu du monde, il peut agacer par moments, mais il est le chef d'État et le chef de guerre le plus charismatique de l'époque contemporaine. S'il est bien un individu qui incarne l'adage « Les temps difficiles créent les hommes forts », c'est lui.

Poutine n'a certainement jamais vraiment voulu l'éliminer. Les tueurs de la GRU ou d'autres organisations de type terroriste, contrôlés en sous-main par le FSB, auraient pu déjouer les services de renseignement américains qui veillent, de plus ou moins près, sur Volodymyr.

Pour la première fois dans l'histoire de l'« horloge de l'Apocalypse », la planète Terre n'a jamais été aussi proche de sa fin.

Créé en 1947, par des scientifiques, ce compte à rebours est censé représenter le temps qu'il nous reste, au regard des dangers de guerre nucléaire, de pandémies et de bouleversements climatiques.

En 2023, il est 23 heures, 58 minutes, 30 secondes.

Conclusion

Depuis le 27 février 2022, il a passé son temps à faire du chantage nucléaire à la planète entière, à jouer les docteurs Folamour, prononçant des discours belliqueux, mettant les forces nucléaires russes en alerte, opérant des lancements de missiles, déplaçant les unités mobiles terrestres de lanceurs, envoyant les croiseurs et les sous-marins patrouiller les océans avec les torpilles imaginaires et missiles nucléaires à bord. C'est du moins ce qu'il n'a cessé de dire.

Il faut avouer que cette tactique de manipulation des leaders mondiaux et des opinions publiques a fonctionné assez longtemps. Mais il a finalement trop joué sur nos nerfs. Au bout d'un an, cela ne fonctionne plus. C'est d'autant plus vrai que son inculpation pour « crimes de guerre » par la Cour pénale internationale, le 17 février 2023, mine désormais son prestige et, à terme, son pouvoir, même s'il affecte à ce sujet une arrogance sarcastique.

Pour marquer l'anniversaire de la phase globale de l'invasion en Ukraine, Vladimir Poutine a décidé de nous impressionner avec un discours devant le Parlement russe réuni en congrès des deux chambres.

C'est une obligation constitutionnelle dont il avait fait l'économie en 2022, démontrant par la même occasion son mépris profond de la Constitution russe. Le 21 février 2023, le monde entier attendait un grand discours et de grandes mesures, annoncées comme révolutionnaires par le porte-parole du Kremlin. On a été franchement très déçus et… rassurés.

Une heure quarante-cinq minutes d'un laïus brejnévien désespérément ennuyeux, à tel point que l'ancien président Medvédev s'est endormi au premier rang des dignitaires du régime. Le cliché volé a fait le tour du monde, ridiculisant les deux, le dormeur illustre et l'orateur pédant. Deux jours plus tard, Poutine humilié s'est vu contraint d'avouer devant les caméras que son discours était tellement ennuyeux qu'il se serait endormi lui-même, s'il s'écoutait.

Hormis les mensonges habituels et les clichés ridicules, il a annoncé deux mesures dans le domaine stratégique qui semblaient augmenter d'un cran le niveau du chantage nucléaire. En réalité, et pour la première fois depuis un an, il nous a rassurés. Enfin, un peu.

D'abord, avec beaucoup de dramaturgie et de pompe, il a annoncé que la Russie suspendait sa participation au traité New Start.

Héritier des traités précédents de réduction des armes stratégiques négociés entre les États-Unis et l'URSS dans les années 1970-1990, l'accord bilatéral New Start avait été signé en 2010 à Prague par les présidents américain et russe de l'époque, Barack Obama et Dmitri Medvédev. Pour Washington, il s'agissait alors d'une des composantes de la politique plus large de la « réinitialisation » des relations avec

Moscou après la guerre d'agression russe contre la Géorgie en 2008.

Le nouveau traité visait à limiter les stocks stratégiques des deux principales puissances nucléaires, qui possédaient 90 % des arsenaux mondiaux. Un maximum de 1 550 ogives pouvait être déployé par chacune des parties, soit une réduction de près de 30 % par rapport à la limite fixée lors du précédent accord de 2002. Le nombre de lanceurs et de bombardiers lourds était par ailleurs limité à 800 pour chacun des signataires. Une série d'inspections mutuelles de sites militaires était également prévue dans l'accord.

Mais avant même l'invasion russe en Ukraine, début février 2022, le traité avait déjà été victime d'une dégradation des relations entre les États-Unis et la Russie. Les négociations en vue du renouvellement du traité ont été quasiment sabotées pendant la présidence de Donald Trump, qui voulait voir la Chine, une puissance nucléaire en croissance permanente et de plus en plus dangereuse, être incluse dans les restrictions des arsenaux. Malgré le climat de défiance mutuelle accrue, Poutine et Biden avaient finalement trouvé un accord in extremis en janvier 2021 pour le prolonger de cinq ans, jusqu'au 5 février 2026.

Mais le 9 août 2022, la Russie, en guerre contre l'Ukraine, et malgré la pression des sanctions occidentales, avait annoncé suspendre les inspections américaines prévues sur ses sites militaires russes dans le cadre du traité, assurant agir en réponse à des entraves américaines aux inspections russes aux États-Unis.

Alors que, sous la pression des Chinois et des Indiens en septembre, le ton de Poutine était un peu retombé à propos des menaces d'une frappe nucléaire de la Russie dans sa guerre contre l'Ukraine, une réunion avait été prévue en décembre 2022 en Égypte pour discuter d'une possible reprise des inspections réciproques. La veille de la réunion au Caire, Moscou avait décidé de son report *sine die*, accusant Washington d'« hostilité » et de « toxicité ». Le 1er février 2023, la Russie avait accusé les États-Unis d'avoir « détruit le cadre juridique » du traité.

L'annonce d'une suspension venait donc conclure plusieurs mois où le traité New Start ne fonctionnait quasiment plus. Et d'aucuns ont annoncé une catastrophe pour la sécurité mondiale.

En réalité, Poutine s'est empressé de souligner qu'il ne rompait pas le traité mais le suspendait. Chose actée vingt-quatre heures plus tard par le Parlement russe. Et le maître du Kremlin d'ajouter que son pays ne pense absolument pas à remettre en question les plafonds prévus. Et qu'il ne voulait tout simplement pas montrer aux Américains les stocks réels.

C'est là où cela devenait intéressant. Beaucoup d'experts militaires et scientifiques émettent depuis des années de sérieux doutes sur l'état de vieillissement des ogives nucléaires russes – lire « soviétiques » puisqu'elles datent pour certaines de plus de soixante ans. Certains vont jusqu'à affirmer que l'arsenal russe est largement délabré et non fonctionnel. L'état lamentable de l'armée russe qu'on a découvert en une année d'hostilités et d'échecs contre l'Ukraine semble leur donner raison.

De toute évidence, si Poutine voulait rester crédible dans son chantage nucléaire, il avait tout intérêt à accepter les inspections américaines – pour prouver que sa menace est bien réelle et que ses armes sont bien fonctionnelles. Et là, patatras, il s'enferme dans le secret très soviétique. Obtenant l'effet inverse – tout le monde a compris qu'il bluffe.

Pire encore, en libérant les Américains de leurs obligations du traité New Start, il leur ouvre lui-même la porte à la modernisation et à l'augmentation de leur arsenal nucléaire. La première puissance économique mondiale a parfaitement les moyens de se lancer dans cette nouvelle course aux armements face à la Chine montante et à la Russie mourante. Là encore, Poutine obtient finalement l'inverse de ce qu'il prétendait obtenir et se punit lui-même.

Ce qui peut aussi rassurer, c'est sa deuxième annonce du 21 février 2023, censée nous faire peur. Le président russe a menacé de renouer avec les essais nucléaires. L'Union soviétique a réalisé son dernier (et sept-cent-vingtième) essai nucléaire en 1990. Depuis 1996, seuls dix tirs ont été effectués dans le monde, dont six par la Corée du Nord. Vladimir Poutine a appelé les forces russes à se « tenir prêtes à réaliser des essais d'armes nucléaires », au cas où les États-Unis en prendraient l'initiative.

Au lieu d'être une menace, en réalité, c'était une obligation russe de ne pas procéder aux essais, puisque la menace était conditionnelle. Comme les États-Unis ne planifient pas de tels essais de leur côté, la Russie a donc promis de se tenir à carreau. Là encore, un tir à blanc.

Comble du ridicule, pour impressionner les Occidentaux il a voulu organiser un nouveau lancement du « super » missile Sarmat le 20 avril 2022. Ça s'est soldé par un pétard mouillé – le prototype n'a pas réussi à atteindre la cible. Finalement, le vice-Premier ministre Borissov n'a pas réussi à faire mieux pour la production de ces nouveaux vecteurs. Et quand Poutine annonçait leur production à la chaîne, tout le monde a compris que c'était tout simplement un bluff de plus.

« La Russie va continuer de porter une attention accrue au renforcement de ses capacités nucléaires et va débuter des livraisons massives de ses missiles hypersoniques à lancement maritime Zircon », a déclaré le 22 février dernier le président russe.

« La Russie ne lancera pas le missile hypersonique Zircon lors d'exercices conjoints avec l'Afrique du Sud et la Chine dans l'océan Indien », lui a vaillamment répondu Oleg Gladky, commandant de la flotte du Nord russe. Pourtant le lancement de Zircon dans le cadre des manœuvres des trois pays a été annoncé par l'agence de presse Tass début février devant les médias du monde entier. « Les armes hypersoniques ne seront pas utilisées dans le cadre de ces exercices », a maintenu Gladky lors d'un briefing organisé par le ministère sud-africain de la Défense à Richards Bay.

Le vieux kagébiste a raté sa carrière d'espion. Il est en train de rater sa carrière politique. Il s'entête encore dans son suicide stupide, en entraînant son pays dans la tombe, il vit dans le passé, mais il est déjà fini.

Il faut juste encore un peu de temps pour que les chefs d'État et les experts en tout genre le comprennent.

DU MÊME AUTEUR

L'Engrenage, Albin Michel, 2022

L'Éclaireur, Nimrod, 2022

KGB-DGSE, deux espions face à face, entretiens avec Martin Leprince, Mareuil, 2021

Pourchassé par le KGB. La naissance d'un espion, Corpus Delicti, 2019

Composition : Nord Compo
Impression : CPI Bussière en avril 2023
Éditions Albin Michel
22, rue Huyghens, 75014 Paris
www.albin-michel.fr

ISBN : 978-2-226-47994-5
N° d'édition : 25256/01 – N° d'impression : 2070995
Dépôt légal : mai 2023
Imprimé en France